생활
여행

생활여행

가보지 않은 곳을 꿈꾸는 여행에 대하여

김모월 지음

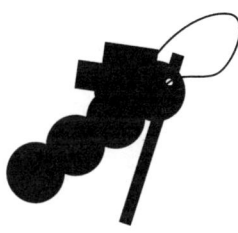

북플랫

들어가며

소망과 설렘

요즘 나는 "이제 여행을 재미있게 하던 시대는 지났구나."라는 생각을 자주 한다. 몇 년 전까지만 해도 오랜만에 사람을 만나면 그간 밀린 여행 이야기를 나누느라 바빴고 다음에는 또 어디로 떠날 것인지 서로 궁금해했다. 하지만 요즘은 여행 간다고 설레발치는 사람이나 여행 다녀왔다고 난리 치는 사람이 별로 없고, 이런 이들을 바라보는 시선마저 "아이고 눈꼴사나워라. 그게 뭐 대단한 일이라고 그러세요."라는 쪽에 가까워진 것 같다.

여행은 테니스, 자전거, 영화, 게임, 필라테스와 같은 레저의 일종이지만 한때는 그중에서도 특별한 가치를 갖는 활동으로 여겨졌다. 여행 갈 날이 다가오면 두근거림을 주체할 수 없고, 사람들과 여행 이야기를 하는 게 무엇보다 재미있고, 삶의 전환기가 찾아오거나 특별한 충전의 시간이 필요할 때면 당연히 여행을 떠올리게 마련인 시절이 있었다. 그러나 오늘날의 여행은 고유한 광채를 잃어버리고 진짜로 테니스나 게임, 유튜브 시청과 같은 평범한 여가 활동의 일부가 되었다.

우리가 특별한 소망과 로맨스로 여행을 꿈꾸지 않는 이상 여행은 결코 특별해질 수 없다. 반대로 말해 여행이 점점 더 평범한 레저로 취급된다는 사실은, 우리가 점차 여행에 대한 소망과 설렘을 잊어가고 있음을 뜻한다.

원인은 복합적이다. 1~2시간만 신경 쓰면 1~2주어치 숙소 예약쯤 거뜬히 할 수 있을 만큼 여행이 쉬워진 점, 각종 여행지에 대한 온갖 정보와 영상 콘텐츠가 넘쳐나는 점, 거의 모든 사람이 휴가 삼아 여행을 가게 되면서 여행이 이제 반쯤 강제적인 연중행사로 자리 잡은 점, 자유 여행의 역사가 길어지면서 사람들의 여행 경험이 쌓이고 가본 곳도 늘어난 점 등등. 이와 같은 요인이 엎치고 덮치면서 우리는 여행에 대한 환상과 로맨스를 거의 잃어버리고 말았다.

모든 사람이 반드시 여행을 꿈꾸어야 할 이유도 없고 여행과 관련한 우리의 열정이 흐릿해진다 해서 뭔가 큰일이 난 것처럼 호들갑 떨 필요도 없을 것이다. 그러나 분명 아쉬운 점은 있다. 우리는 여전히 많은 소망과 꿈을 가지고 있고 그중 중요한 몇 가지는 오직 여행을 통해서만 충족할 수 있기 때문이다.

그렇다면 여행을 특별하게 만드는 소망과 로맨스에는 어떤 것들이 있을까? 나아가 이러한 소망을 잘 다듬어 행복한 여행으로 연결하는 방법은 무엇일까?

여행은 여가 활동치고 값이 무척 비싸며 여유 시간을 최소 며칠 이상 뭉텅이로 할애해야 하는 일이다. "소망이니 꿈이니 남들이 좋다는 곳으로 가면 되는 거 아냐?"라는 마음가짐으로 떠난다면 자칫 커다란 실망과 여행 불만족에 휩싸일 수 있다. 남들이 어디를 추천하는지 알아보기 전에 나의 마음부터 살피고 내가 여행을 통해 얻고자 하는 감동이 어떤 것인지를 생생히 그려본다면 세상에 둘도 없는 나만의 특별한 여행을 하게 될 것이다.

나아가 여행 꿈은 우리의 여행뿐만 아니라 일상까지도 행복하게 만들어준다. 여행을 꿈꿀 때 느끼는 설렘은 실제로 여행할 때 느끼는 두근거림 못지않게 강렬할 수 있다. 지금 내게는 오랜 세월 그려온 여행 꿈들이 있는데, 그 가운데 몇몇의 경우에는 실제로 그곳을 여행함으로써 얻게 될 감동보다 지금 방구석에서 꿈만 꾸며 맛보는 행복감이 도리어 더 클 수도 있다는 생각이 (내심) 든다.

인간의 상상력에는 얄팍한 측면이 있어서 우리는 여행을 꿈꿀 때 그곳에서 경험할 어려움과 위기는 잘 떠올리지 못한다. 여행지의 끔찍한 더위나 추위는 간단히 무시되거나 부정되며 여행지의 도로와 철도가 분사하는 여독은 달콤한 기대감 속에 용해되어버리기 일쑤다. 꿈속에서 우리는 최적의 환경에서 최상의 행복을 누리는 완전무결한 여행자가 된다. '여행 꿈꾸기'를 취미로 삼는 한 사람으로서(평소에는 학자인 체하고 싶은 마음에 "제 취미는 세계지리 탐구랍니다."라고 에두른다) 그 중

독성만큼은 보장하는 바다.

하지만 바로 이와 같은 특성 때문에 여행 꿈은 가끔 여행을 망친다. 막상 여행을 떠났는데 환상과 로맨스 속에서 잠음 취급해버린 현실적 문제들이 쩌렁쩌렁 울려 퍼지며 우리의 순박한 꿈을 산산조각 내버리는 것이다. 꿈의 여행지가 꿈속에서 그렸던 것처럼 꿈같지 않다는 사실을 도착해서야 깨닫게 된다면? 삽시간에 여행이 고행으로 돌변할 수 있다. 여행 꿈꾸기는 한계 없는 상상의 과정이지만 여행은 우리의 꿈이 냉정한 현실에 맞춰 가차 없이 조정되는 과정이다.

그렇다고 해서 꿈과 현실의 불일치를 두려워한 나머지 여행 꿈마저 현실적으로 꿀 필요는 없다. 현실적인 꿈만큼 따분하고 무의미한 게 또 어디에 있단 말인가! 현실에 충실한 이미지 혹은 냉소적이고 비관적인 이미지로 점철된 여행 꿈은 여행을 부추기기는커녕 우리를 방구석에 붙잡아두는 역할을 하므로 이미 여행 꿈이라고 할 수 없다. 나아가 일상에 활력을 불어넣기는 고사하고 삶에 대한 신경증적이고 비관적인 해석만 조장할 것이다. 꿈은 낭만적일수록 달콤하다.

달콤한 꿈은 일상을 힘차게 살고 행복한 여행을 가능하게 해주는 뜨거운 정신적 열량이 될 수 있다.

다만 이 달콤하고 낭만적인 꿈이 결코 현실과 같지 않다는 사실을 명확히 인식하고 있어야 한다. 즉 우리의 여행 꿈은 자각몽이 되어야 한다. 논리의 제약에서 벗어난 아름다운 이미지의 세계를 부유하면서도 그것이 언젠가는 날카로운 현실 원칙에 따라 재구성되리라는 사실을 알고 있어야 한다. 일상의 빛이 되는 아름다운 여행 꿈을 꿀 줄 안다면, 또한 여행을 계획하고 준비하고 실행하는 과정에서 이 꿈을 현실화하여 미소 띤 추억으로 만들어낼 수 있다면 우리는 평생 멋진 여행 꿈과 행복한 여행의 선순환 속에서 살아갈 수 있을 것이다.

우리가 향할 운명의 목적지는 정체된 자아를 쇄신해줄 낯선 곳일까? 아니면 우리를 따듯하게 맞아주는 익숙한 장소일까? 우리는 여행에 대해 어떤 판타지를 품을 수 있고 어떤 장소에서 이를 행복한 여행으로 구현할 수 있을까?

이제 나는 내 소망과 꿈이 향하는 여행을 중심으로 여러 여행 꿈 이야기를 펼쳐볼까 한다. 그리하여 한국 최초(세계 최초일지도 모른다!)의 '가보지 않은 곳을 다룬 여행 책'이 되고야 말 이 책을 통해 희미해진 우리 내면의 여행 열정에 불을 지피는 시간을 가졌으면 좋겠다.

앞으로 이야기할 열아홉 가지의 여행 꿈은 무궁무진한 여행 꿈 세계의 일부분에 지나지 않는다. "여행 꿈에 이런 것들이 있을 수 있구나.", "이런 식으로 꿈과 여행을 연결하면 재미있겠구나."라는 열아홉 가지 여행 예제에 불과한 것이다. 그 밖의 다른 꿈은 여행 꿈으로 칠 수 없다거나 여기 나오는 여행 꿈이 특별히 더 의미 있고 재미있다는 생각은 어디에도 담겨 있지 않다.

저마다의 여행 꿈 끝머리에는 '꿈꾸는 여행 포인트'가 달려 있다. 일상에서 소망을 키우고 여행으로 연결하는 방법에 대한 일종의 가이드로 여겨주기 바란다. 또한 생소한 고유명사의 경우에는 검색에 보탬이 되도록 원어를 병기했다.

그럼 이제 별까지도 닿을 수 있는 여행 꿈의 세계로 함께 떠나보자. Per aspera ad astra(역경을 헤치고 별을 향해)!

꿈의 여행지

차례

들어가며 소망과 설렘   005

① 모험과 몽환

차가운 바다의 털북숭이들   021
미국 수어드

매콤과 달콤은 왜 붙어 다닐까?   030
남인도 도사 & 멕시코 몰레

하이킹 이상 등반 이하   038
아르헨티나 엘찰텐

달콤한 아포칼립스   046
미국 스포캔 & 미국 허드슨밸리

자기 초월적 여행   055
페루 카미노델잉카 & 보츠와나 오카방고 삼각주

숲속의 벌새와 이상향   065
코스타리카 몬테베르데 운무림 보호구역

데스티네이션 언노운   073
우루과이 몬테비데오 & 도미니카공화국 산토도밍고

②   기억과 순례

벽돌과 마법   085
요르단 페트라

여기 잠들다   094
프랑스 파리

피와 땀과 황금   104
시스티나 예배당 & 산타마리아 델레 그라치에

반려견을 그리며   114
영국 허더즈필드 & 일본 후지큐 하이랜드

그리고 아무도 없었다   123
튀르키예 카르스 & 영국 버아일랜드 호텔

3   시작과 끝

음악은 여행을 부른다   135
뉴질랜드 로토루아 호수

표정으로 읽은 곳   142
오스트레일리아 브리즈번 & 모리셔스

익숙하며 새로운   153
라오스 메콩강 크루즈 & 태국의 기차

세상 끝과 끝에 존재하는 두 열차   161
노르웨이 베르겐라인 & 뉴질랜드 트랜즈알파인

반드시 그리하리라   171
인도 엘로라와 아잔타 & 네팔 안나푸르나 베이스캠프 트렉

평화와 번영이 찾아오기를   181
예멘 소코트라섬

모든 여행의 시작과 끝   191
대한민국 인천공항

나가며   별 꿈   199

차가운 바다의 털북숭이들

미국 수어드

"너 한국 사람이야? 나 지난겨울에 한국 여행했어! 진짜 좋았는데 너무 춥더라. 그러고 보니 친구들한테 겨울에 한국으로 여행 간다 하니까 다들 나더러 미쳤냐더라고, 으하하."

스리랑카에서 만난 어떤 프랑스인 친구가 한 말이다. 이 친구가 내게 기대했던 반응이 무엇인지 정확히 알 수는 없지만 아무튼 나는 따스하게 웃는 얼굴로 그의 용기와 개방성을 치하하며 속으로 생각했다. '겨울철 한국으로 여행을 와? 진짜로 미친 거 아냐?'

겨울철 비수기에 한국 여행 좀 했다는 이유로 사방에서 실성한 사람 취급을 받다니, 조금은 불쌍하다는 생각도 든다. 하지만 다 자업자득이다. 프랑스를 비롯해 눈 내리는 동네 사람들은 보통 "추운 곳으로 가는 여행도 여행이야?" 또는 "따뜻한 날씨가 빠진 휴가도 휴가야?"라는 인식을 가지고 있다. 추위를 향해 여행을 떠나겠다는 사람을 보면 당혹감을 감추지 못해 사뭇 강한 어조로 유감을 표명하는 것도 당연하다.

겨울철 기온이 프랑스보다 3도에서 6도 정도 낮은 우리나라도 예외일 수 없다. 우리나라 사람들이 압도적으로 많이 찾는 여행지는 옆 나라 일본이다. 하지만 일본을 제외하면 베트남, 태국, 필리핀, 대만, 괌, 싱가포르, 홍콩, 마카오 등 가깝고 따뜻한 곳들이 여행지로 인기가 높다. 나 또한 '여행을 가려면 한국보다 따뜻한 나라로 가야지.'라고 생각하는 편이며, 여행하는 동안 눈을 구경한 경험이 단 한 차례밖에 없다(몽골은 10월 중순에 눈보라가 친다는 사실을 겪어보기 전에는 몰랐다). 차디찬 얼음왕국이 되어버린 한반도를 탈출해 따뜻한 남국의 공항에 내려섰을 때, 공항 문을 나서며 후끈한 공기를 온몸에 뒤집어쓰는 그 쾌감과 설렘을 어떻게 포기하라는 말인가?

그러면 이쯤에서 내 첫 번째 꿈의 여행지를 소개할까 한다. 바로 미국 알래스카의 수어드(Seward)다. 북위 60도 선에 자리 잡은 이곳에서 모종의 온기를 느낄 수 있었던 시기는 이미 5,000만 년 전에 지나갔다. 오늘날의 수어드는 봄가을 낮 최고기온이 7도가 될까 말까 하고 여름철에도 수은주가 13도를 넘기지 못하며 겨울이면 영하 10도 밑으로 가뿐하게 떨어지는 동네다. 한마디로 춥다. 몹시 춥다. 소중한 휴가를 굳이 이런 곳에 썼다가는 주위 사람들로부터 미쳤냐는 소리를 듣기 십상이다.

한발 나아가 도시의 매력을 따져보더라도 당장 이곳을 찾아야 하는 이유를 이해하기 힘들 수 있다. 수어드는 알래스카주에서 가장 큰 관문 도시 앵커리지에서 남쪽 키나이 피오르(Kenai Fjords) 방면으로 200킬로미터가량 떨어져 있는 작은 동네다. 인구가 3,000명 남짓이라 소도시라고 하기도 무엇하고 그냥 수어드 항구라고 부르는 편이 적합해 보인다. 아름다운 건축물이나 역사 유적이 없고 별다른 문화행사도 개최되지 않으며 전통 의복을 입고 돌아다니는 현지인이나 특이한 음식도 눈에 띄지 않는다. 게다가 수어드의 별 격식 없는 숙소들은 1박에 수십만 원을 호가한다. 어지간해서는 누가 보내준다고 해도 가고 싶지 않을 것 같다.

그러나 수어드의 숙소 가격이 비싸다는 점은 거꾸로 말해 수어드가 꽤 매력적인 목적지이며 이곳을 방문하는 여행자들이 적잖이 있다는 사실을 시사한다. 장거리 비행과 가성비 나쁜 숙소를 감내하며 이 추운 알래스카의 작은 항구를 찾아드는 이들은 수어드가 간직한 차갑고 아름다운 대자연과 동물들에 이끌린 사람들이다.

나 또한 언젠가 수어드에 가겠다는 꿈을 가진 사람이다. 나로 하여금 수어드를 꿈꾸게 한 일등공신은 귀엽고 몽환적이고 가만히 보고만 있어도 행복해지는 동물인 해달이다. 일본 오사카의 카이유칸 아쿠아리움에서 이 사랑스러운 동물을 처음 본 뒤로 나는 비좁은 아쿠아리움이 아닌 천연의 서식지에서 생태계의 일부로 살아가는 해달의 모습을 꼭 보고 말겠다고 결심했다.

해달은 수컷의 몸무게가 45킬로그램 가까이 나가고 크기가 1.5미터에 이르는 꽤 큰 동물이다. 족제비, 수달, 오소리 등이 포함된 족제빗과 동물 가운데 가장 크다. 동시에 바다에 사는 포유류(고래나 물개 등) 중에서는 가장 작고 귀여운 동물에 속한다.

해달은 빽빽하고 기름진 모피를 가지고 있어서 북위 60도의 차가운 바다에 동동 떠서 살아갈 수 있으며, 모피의 방한성을 유지하기 위해 온종일 앞발로 이곳저곳의 털을 쓱싹쓱싹 귀엽게 다듬는다. 차가운 바다의 일렁이는 파도에 뚱하니 몸을 맡긴 채 잠을 자거나 털을 다듬는 해달의 모습에서 무한한 생명력과 독야청청한 삶의 이상을 체험하는 이들도 있다.

삼시 세끼 고급스러운 해산물 식사를 즐기는 해달은 바닷속으로 퐁당퐁당 잠수해서 앞발로 돌을 들추고 바닥을 뒤져 조개와 달팽이와 성게를 잡아먹는다. 해달이 배에 돌을 올려놓고 그 위로 조개를 내리쳐 깨 먹는 모습은 너무나 유명한데, 이는 해달이 도구를 사용할 줄 아는 몇몇 동물 가운데 하나라는 점을 잘 보여준다. 해조류에 해를 끼치는 성게 등을 잡아먹기 때문에 '바다의 정원사'라는 멋진 직함도 가지고 있다.

해달은 태평양 북부의 차가운 바다 해조류 숲에 산다. 정확히는 일본의 홋카이도에서 시작해 러시아의 캄차카반도와 미국 알래스카를 지나 캘리포니아와 멕시코 바하칼리포르니아에 이르는 거대한 아치 모양의 북태평양 연안이 모두 해달의 나라다.

하지만 이 엄청나게 넓은 서식지 면적에 비해 해달의 숫자는 그리 많지 않다. 과거 모피 때문에 사냥당했던 동물인 해달은 당시에 입은 타격으로부터 완전히 회복하지 못한 멸종 위기 동물이다. 오늘날 해달의 숫자는 10만 마리 남짓으로 추정된다. 홋카이도에서 출발해 바하칼리포르니아에 이르는 해달의 영역은 길이로 따졌을 때 1만 킬로미터 가까이 된다. 이 긴 해안에 고작 10만 마리의 해달이 살고 있으니, 단순히 나누어보면 해안선 1킬로미터당 10마리가 살고 있는 셈이다.

나아가 해달의 서식 분포가 일정하지 않다는 점도 고려해야 한다. 예를 들어 우리나라와 가장 가까운 해달 서식지인 일본 홋카이도를 보면, 한때 절멸된 것으로 알려진 해달이 최근 키리타푸곶이라는 국지적 서식지에 소수나마 돌아왔다고 한다. 즉 해달이 산다는 말만 덥석 믿고 여행을 떠났다가는 해달이 먹고 버린 조개껍데기 구경조차 못 하고 발길을 돌려야 할 수도 있다.

그래서 나는 수어드를 꿈꾼다. 알래스카는 해달 나라의 중심지로, 오늘날 세계 해달의 70퍼센트가 이곳에 사는 것으로 추정된다. 수어드 인근 지역에만도 수천 마리의 해달이 살고 있다. 나아가 앵커리지로부터의 접근성과 인프라 시설까지 따져보면 몇몇 사람의 말마따나 수어드를 '세계 해달 수도'라고 불러도 손색이 없을 것이다. 정확히는 여행자들의 동물 꿈속에 존재하는 세상에서 가장 아름다운 수도 가운데 하나라고나 할까.

아무리 해달을 좋아한대도 해달을 보는 것만으로는 여행 계획이 성립되지 않는다는 의견에 나 또한 동의한다. 그래서 추가로 즐길 거리를 찾아보았다. 듣자 하니 앵커리지에서 수어드를 연결하는 '수어드 고속도로'는 절경의 여행길로 유명하다고 한다. 알래스카의 산과 호수를 만끽하며 3시간의 여정을 즐길 수 있다면 그 자체로 훌륭한 여행 경험이라고 할 수 있지 않을까?

또한 수어드에서 키나이 피오르 국립공원으로 다양한 투어를 떠날 수도 있다. 배를 타고 반나절만 둘러본다 해도 해달뿐만 아니라 혹등고래와 바다사자까지 떼로 만나게 될 것이다. 배 대신 카약을 타고 모험에 나서거나 국립공원 내부를 걸어서 누빌 수도 있다. 키나이 피오르의 명물로 꼽히는 엑시트 빙하(Exit Glacier) 역시 수어드에서 얼마 떨어지지 않은 곳에 있다.

국립공원 안에 있는 공용 오두막에서 숙박을 하는 것도 좋은 선택지가 아닐까 싶다. "곰이 많으니 먹을 것과 음식물 쓰레기 등 냄새나는 것들은 무조건 숙소 안에 보관하세요."라든가 "해변까지 기분 좋게 산책할 수 있습니다. 해변에서는 독수리와 물개를 특히 조심하세요."라는 국립공원 측의 공지를 보면 이곳 오두막에 묵는 것 자체가 일생일대의 모험이 될지도 모르겠다.

우리가 가진 강렬한 여행 꿈은 간혹 우리 마음의 한계를 허물 정도로 힘이 세다. 나는 나의 해달 꿈이 내 마음속 북방 한계선을 무너뜨릴 만큼 힘이 세기를 소망한다. 언젠가 주변 사람들에게 "나 알래스카로 여행 가기로 했어요."라고 말할 때가 오기를. 그 때문에 미쳤냐는 말을 듣는다면 "음…… 어쩌면 그럴지도?"라고 대답할 수 있기를.

꿈꾸는 여행 포인트

몹시 좋아하는 게 있다면 남 눈치 보지 말고, 앞뒤 가리지 말고 마음껏 꿈꿔보자. 부정적인 정보가 쌓이는데도 가고자 하는 마음이 사라지지 않는다면 이제는 그곳으로 떠날 계획을 세울 때다.

매콤과 달콤은 왜 붙어 다닐까?

남인도 도사 & 멕시코 몰레

얼마 전 문득 "여행하면서 먹은 음식 가운데 가장 맛있었던 게 뭘까?"라는 궁금증이 들었다. 최고를 가리기에 앞서 일단 기억에 남는 음식을 열거해보니 중국 쓰촨성에서 먹었던 지삼선(감자, 피망, 가지로 만드는 유명한 중식 요리)과 태국 북부의 싸이우어(카레와 각종 향신료가 섞인 소시지)와 말레이시아 프렌티안섬(Perhentian Islands)의 스니커즈 셰이크(스니커즈를 갈아 만든 전설의 음료) 등으로 이루어진 용호상박의 16강 라인업이 완성되었다. 이 음식들을 둘씩 짝지워 대결시키는 방식으로 '이상형 월드컵'을 펼쳐 내 여행 최고의 음식을 가려냈다. 치열한 경쟁을 뚫고 우승을 차지한 것은 인도의 도사(dosa)였다.

도사는 다른 음식들에 빗대 설명하기 힘든 독창적인 요리다. 억지로 예를 들자면 "만쥬처럼 겉은 바삭하고 속은 폭신해. 그런데 이걸 동그랗게 구운 게 아니라 넓게 펴서 커다란 전처럼 만들었다고 생각해봐. 그걸 파르페 모양으로 접어주는데, 안에 마살라가 들어 있을 수도 있고 아닐 수도 있어. 손으로 적당히 뜯어내 처트니라는 소스에 찍어 먹는 거야. 나초를 살사에 찍어 먹듯이 말이야. 맛있겠지?" 정도가 되겠다. 맛있겠다는 생각은커녕 만쥬 전을 살사에 찍어 먹는 상상만으로 입맛이 뚝 떨어진다.

도사는 단순하고 먹기 편한 음식임에도 맛과 식감에 풍부한 깊이를 담고 있다. 도사 피는 인도의 특산 콩인 우라드 콩과 쌀을 묽게 반죽하고 간을 해 쟁반만 한 전용 철판에 얇게 펼쳐 구워 만든다. 그러면 한쪽은 쌀 전병처럼 바삭하고 반대쪽은 만쥬처럼 폭신폭신한 놀라운 음식이 만들어진다. 식감이 좋고 향이 고소하며 약간 짭짤하고 쌉싸름한 맛이 일품이라 이것만 종일 뜯어 먹을 수도 있겠다는 생각이 든다.

도사 피가 완성되면 바삭한 쪽을 바깥으로 하고 폭신한 쪽을 안으로 하여 간단히 접어준다. 이때 피만 접어서 내놓으면 플레인 도사라고 하고, 안쪽에 양파와 감자를 주재료로 하는 커리 마살라를 넣어주면 마살라 도사라고 한다. 마살라를 넣어 먹으면 매콤한 향신료의 풍미가 가미되어 더 큰 포만감을 얻을 수 있다. 플레인 상태로 먹으면 도사 피의 고소한 맛과 바삭한 식감에 좀 더 집중할 수 있다.

최종적으로 도사의 맛을 환상의 경지로 승화시키는 것은 도사를 찍어 먹는 처트니(chutney)다. 처트니는 코코넛을 비롯한 고소하고 달콤한 과일과 채소에 매운 향신료를 배합해 만든 걸쭉한 디핑 소스다. 주재료가 무엇인지와 향신료, 허브를 어떤 배합으로 넣는지에 따라 다양한 맛을 낼 수 있다. 짭짤하고 고소하고 바삭한 도사에 향긋한 마살라를 넣고 매콤달콤한 처트니를 듬뿍 찍어 입에 넣는다면 누구라도 본고장의 도사를 맛보러 인도에 가는 꿈을 꾸게 되리라고 확신한다.

도사를 먹고자 인도에 가려거든 남인도로 가야 한다. 인도 북부에서는 밀이 많이 재배돼 밀로 만든 난과 차파티의 소비량이 많은 반면, 남부에서는 쌀이 주로 재배돼 쌀밥이나 볶은 쌀 요리인 비르야니를 많이 먹는다. 쌀로 만드는 도사 또한 남인도에서 유래했으며 여전히 남인도에서 더 많이 소비된다. 자연히 세상에서 가장 맛있는 도사들도 남인도에 몰려 있게 마련이다.

나는 아직 남인도를 본격적으로 탐사해본 적이 없다. 가장 좋아하는 여행 음식이 도사임에도 불구하고 도사의 세계를 제대로 파헤쳐본 적이 없다는 뜻이다. 타밀나두(Tamil Nadu) 지방의 도사는 부드럽고 두껍다는데 그 맛은 어떨까? 카르나타카(Karnataka) 지방의 우두피(Udupi)라는 동네에서 바삭한 도사가 탄생했다는데 그곳에 가면 정녕 전설적인 도사 고수를 만날 수 있을까? 그렇게 남인도를 여행하며 100장의 도사를 먹으면 그 맛에 통달하게 될까?

한편 도사와 처트니에 꽂혀버린 나로서는 관심이 가지 않을 수 없는 신비로운 음식이 하나 더 있다. 멕시코의 몰레(mole) 소스다. 몰레란 그곳 말로 소스를 의미하는 단어로 그 종류만 50가지가 넘는다고 한다. 대외적으로 가장 잘 알려진 몰레는 고추와 초콜릿(중앙아메리카 사람들이 세계에 제공한 두 가지 위대한 작물이다)을 사용하는 몰레 포블라노(Mole Poblano)다. 여기에 설탕과 각종 향신료, 허브를 첨가하면 더욱 깊고 다양한 맛이 난다고 한다. 그야말로 매콤달콤하고 쌉싸름한 맛의 절정을 이룰 조합이 아닐까.

몰레는 다양한 멕시코 음식과 조합될 수 있지만 특히 유명한 것은 닭고기에 몰레를 듬뿍 끼얹어주는 치킨 몰레(Mole con Pollo)다. 이 맛이 궁금해 빨리 체험해보고 싶은 사람은 우리나라에서 판매하는 몰레 소스를 사서 치킨에 끼얹어 먹어보면 된다. 가까운 멕시코 식당을 찾는 방법도 있다. 하지만 새로운 맛을 이런 식으로 처음 접한다면 섣부른 실망감과 거부감을 갖게 될 수 있다. 나는 어차피 타코벨 한 번 가본 적 없는 '멕시칸 없는 삶'을 살고 있다. 그냥 꾹 참고 기다리다가 언젠가 멕시코에 가는 날 현지의 맛으로 몰레를 처음 맛볼 요량이다.

멕시코의 몰레 명소로는 여러 곳이 있다. 사실 어느 나라든 수도나 대도시에 전국의 모든 맛이 모여들기 마련이니 간편하게 멕시코의 수도이자 최대 도시인 멕시코시티의 식당을 찾을 수도 있다. 하지만 서울에서 먹는 김치가 전국에서 가장 맛있는 김치가 아니고 전국 김치를 대표하는 김치도 아닌 것처럼 멕시코시티에만 머물러서는 몰레의 참맛을 보지 못할지도 모른다.

멕시코에서 몰레로 가장 유명한 지방은 멕시코시티에서 그리 멀지 않다. 멕시코시티에서 차로 2시간을 달리면 푸에블라(Puebla)라는 도시가 나온다. 이곳은 푸에블라주의 주도이자 최대 도시인데 바로 이 푸에블라주에서 초콜릿 몰레인 몰레 포블라노가 탄생했다. 푸에블라는 인구 300만이 넘는 산업 도시이자 멕시코의 매콤달콤한 음식 문화의 중심지로 꼽히는 미식 도시다. 또한 구시가지 전체가 유네스코 세계문화유산으로 지정된 유적지이기도 하다.

푸에블라에서 남쪽으로 4시간을 여행하면 이번에는 오악사카주의 주도인 오악사카(Oaxaca)에 다다른다. 오악사카주는 '일곱 몰레의 땅'이라는 매콤달콤한 별명을 가지고 있다. 평원에서 고원에 이르기까지 다채로운 지형을 자랑하며 동네마다 특산품과 입맛이 달라 다양한 몰레가 탄생했다.

나아가 오악사카주는 1만 3,000년 된 동굴 유적에서 세계 최초의 작물화 옥수수가 발견된 아메리카 농경 역사의 중심지다. 자연히 여러 원주민 문명이 이곳을 터전으로 삼아 발전했는데, 그 후손들은 스페인 정복자들이 들어온 이후에도 이곳의 험준한 지형을 방패 삼아 명맥을 유지할 수 있었다. 그 덕분에 오늘날 멕시코 아메리카 원주민 인구의 50퍼센트 이상이 오악사카주에 살고 있다. 그만큼 여기에서 다양한 원주민의 삶과 문화유산을 접할 수 있으며 저마다의 몰레를 맛볼 수 있다는 뜻이다.

매콤달콤한 음식을 찾아 인도며 멕시코에 갈 생각을 하고 있자니 과거 사람들이 맛의 이름으로 벌인 무지막지한 일들이 떠오른다. 특히 15세기 이후로 서양인들은 매운맛을 얻고자 인도와 인도네시아를 식민 지배하고 단맛을 얻고자 중앙아메리카와 남아메리카에서 노예제 설탕 플랜테이션을 운영했다. 맛을 찾아 인도와 아메리카로 쳐들어간 이들과 똑같은 욕망을 느끼고 그들의 마음을 조금이나마 이해한다는 사실이 오싹한 기분을 느끼게 한다.

한 그릇의 도사와 몰레에는 역사와 미래가 모두 담겨 있다. 역사에 스며든 씁쓸한 맛은 우리 힘으로 떨쳐낼 수 없겠지만, 공정한 무역과 지속가능한 농업 등 가치 있는 목표로 미래의 맛을 채우는 일은 누구나 할 수 있지 않을까? 우리가 비록 옛날 사람들과 똑같은 욕망을 가지고 있다 해도 그들보다 더 나은 사람이 될 수 있다는 꿈은 꿀 만하지 않을까?

꿈꾸는 여행 포인트

일상에서 먹는 여러 낯선 음식을 음미하고 그 뿌리를 추적해본다면 다양한 음식 여행 꿈을 갖게 될 것이다. 또한 여행을 하는 중에는 조금 주저된다 해도 꼭 현지의 새로운 맛에 도전해보자. 단 한 끼만으로 기억에 영원히 각인될 전설의 음식을 발견할지도 모른다.

하이킹 이상 등반 이하

아르헨티나 엘찰텐

여행을 잘한다는 말은 포기를 잘한다는 말과 닮았다. 포기를 잘한다는 것이 마치 조금만 어려움을 겪으면 쉽게 포기해버린다는 말로 들릴 수도 있지만 이는 오해다. 도전과 포기 사이에서 지혜롭고 냉철하게 균형을 잘 잡는 것이야말로 포기를 잘하는 것이다. 이를테면 높은 곳을 무서워하는 사람이 번지 점프대에 오르거나 발밑이 훤히 내려다보이는 스카이워크에 도전하여 헛돈을 날리기 전에 내면의 소리에 귀를 기울임으로써 파국을 피하는 일이야말로 포기를 잘하는 것이라고 할 수 있다.

"그럼 포기하기 전에 계획 단계에서 선택을 잘하면 되는 거 아닌가?"라는 의문이 들 수도 있다. 하지만 여행을 가서 실제로 어떤 일에 도전해보기 전까지는 그것이 내가 감당할 만한 일인지 아닌지 판단하기 어려운 경우가 많다. 예를 들어 나는 높은 곳을 무서워하는 사람이기에 번지 점프대에 오르거나 스카이워크에 도전할 마음을 품지 않지만, 정작 그와 비슷할 정도로 무서웠던 다른 일들은 몇 번이고 해낸 경험이 있다. 사람의 욕망과 선호, 심리적 한계 등을 숫자로 딱딱 계산하기도 힘들거니와 매번 변화하는 다양한 환경 요소(오토바이를 빌렸는데 비가 온다거나)까지 관여되니, 도전의 성패를 미리 꿰뚫어 보고 계획을 세우기란 참으로 어렵다.

이처럼 답하기 까다로운 질문 가운데 하나가 "나는 여행을 가서 몸을 얼마나 쓸 수 있을까?"이다. 이는 특히 우리가 이곳저곳의 트레킹 코스에 도전할 꿈을 품었을 때 떠올리곤 하는 중요한 질문이다. "나는 안나푸르나 베이스 캠프 트레킹을 할 수 있을까?", "나는 파타고니아에서 2박 3일간 캠핑할 수 있을까?"라는 물음에 "아이고, 절대 못 하지."라는 답이 나온다면 네팔과 아르헨티나가 버킷 리스트에서 날아갈 수도 있다. 이토록 중요한 문제임에도 불구하고 여행을 꿈꾸는 단계에서는 답을 명확히 알 수 없으니 답답할 따름이다. '하이킹 이상 등반 이하'라고 정의되는 트레킹의 넓은 스펙트럼 또한 판단하는 데 어려움을 더한다.

트레킹은 여행을 가서 할 수 있는 활동 가운데 가장 에너지가 많이 드는 일이지만 '힘들 것 같아.'라는 느낌만으로 간단히 포기해버리기에는 너무 아까운 경험이다. 산 좋아하고 걷기를 즐기는 우리나라 여행자들은 다들 트레킹을 찬양하고 트레킹이야말로 여행의 하이라이트라고 입을 모아 말한다. 트레킹은 자연을 만끽하는 최고의 방법으로 손꼽히며, 우울증을 치유하고 커다란 성취감과 행복을 제공해준다. 또한 트레킹은 모든 사람이 도전할 수 있는 활동이다. 자신의 수준을 정확히 파악하고 그에 적합한 트레킹 코스를 선택한다면 체력이 뛰어난 사람이든 약한 사람이든 만족스럽게 트레킹을 즐길 수 있다. 최근에는 장애를 가진 사람들도 다양한 난이도의 트레킹에 도전하며 저마다의 한계를 뛰어넘으려고 시도한다.

트레킹에 도전하거나 포기하기에 앞서 무엇보다 먼저 해야 할 일은 자신의 에너지 수준을 판단하는 것이다. 사람의 에너지 수준은 '외향성-내향성'이라는 성격 요인과 관련이 깊다. 일반적으로 외향적인 사람은 내향적인 사람보다 에너지 수준이 높다. 외향적인 사람은 하루 동안 최대한 많은 에너지를 소모하는 것을 목표로 삼는 경우가 많고, 그렇게 하지 못했을 때 지루함을 느끼며 이를 혐오한다. 그래서 일과를 마친 뒤에 회식을 하려 하고, 쉬는 날에는 놀러 갈 계획을 세우며 자극적인 활동과 새로운 사람 만나기를 즐긴다.

반대로 내향적인 사람은 기본적인 에너지 수준이 높지 않아 평소에는 에너지를 아꼈다가 중요한 일에 집중해 사용하려는 성향을 띤다. 이들은 쓸데없이 정신 사나운 것을 싫어하고 자신에게 가해지는 자극의 총량을 줄이려고 한다. 노는 것이 곧 쉬는 것인 외향인과 달리 내향인은 쉬어야 쉴 수 있다.

나는 에너지 수준상 내향인 쪽에 가깝지만 트레킹을 통해 자연을 만끽하고 성취감과 행복감을 맛보고자 하는 욕망만큼은 남들 못지 않다. 지금까지 내가 경험한 트레킹은 이 두 가지 상충하는 측면을 조화시키고 내게 가장 적절한 트레킹을 찾아내는 좋은 실험이 되어주었다. 실험 결과는 명쾌하다. 나는 하이킹 바로 위 수준의 트레킹을 할 때 가장 행복하다. 그보다 난이도가 높은 트레킹을 하면 일시적 성취감은 분명 커졌지만 훗날 다시 하고 싶은 마음은 들지 않았다.

하이킹 바로 위 수준의 트레킹을 즐기기 좋은 방법은 외진 산골짜기 마을을 찾아가 아늑한 숙소를 잡은 뒤 그곳에서 동서남북으로 하루에 한 코스씩 트레킹을 만끽하는 것이다. 이렇게 하면 안정감과 활동성의 조화를 꾀할 수 있고, 트레킹뿐만 아니라 트레킹의 기점이 되는 장소를 찾아가는 여행에도 의미 부여가 된다.

동서남북으로 트레킹 코스를 갖춘 데다가 안정적인 숙식이 가능한 동네가 드물긴 하지만 찾아보면 또 여기저기서 발견할 수 있다. 이를테면 높은 석회 절벽 사이로 아름다운 남우강이 흐르는 라오스 북부의 농키아우(Nong Khiaw)에는 그 멋진 경치를 감상할 수 있는 산꼭대기 전망대가 마을의 동서남북에 존재한다.

각 전망대에 이르는 등산로는 짧게는 1~2시간에서 길게는 반나절 이상이 소요되는 하이킹-트레킹 코스들이다. 하루는 이쪽의 가파른 봉우리, 하루는 강 건너편 중간 난이도 봉우리, 또 하루는 마을 어귀에 있는 경사는 급하지만 시간이 얼마 안 걸리는 봉우리를 오르내리며 하이킹과 트레킹을 원 없이 즐길 수 있다.

내가 최근 들어 새로이 꿈꾸게 된 트레킹 근거지는 아르헨티나의 엘찰텐(El Chaltén)이다. 엘찰텐은 로스글라시에레스 국립공원(Parque Nacional Los Glaciares) 안에 떡하니 자리 잡은 인구 2,000명의 작은 마을이다. 로스글라시에레스(빙하)라는 이름을 가진 국립공원답게 마을 주변에 멋들어진 산봉우리와 호수가 즐비하고, 엘찰텐에서 트레킹으로 찾아갈 수 있다.

엘찰텐이 파타고니아 트레킹을 대표한다고 말하기는 어려울 것이다. 남아메리카의 안데스 빙하 지형 트레킹을 이야기하려면 칠레의 토레스델파이네 국립공원(Parque Nacional Torres del Paine)에서 하는 3~4일간의 장엄한 캠핑-트레킹을 빼놓을 수 없기 때문이다. 하지만 엘찰텐 또한 아르헨티나의 트레킹 수도라고 불리는 곳이다. 이곳에서 찾아갈 수 있는 세로토레산 (Cerro Torre)이나 피츠로이산(Cerro Fitz Roy) 역시 토레스델파이네에 비견할 만하고 모양 또한 비슷하게 생긴 절경의 산봉우리들이다. 사실 로스글라시에레스 국립공원과 토레스델파이네 국립공원은 인간이 그어놓은 칠레-아르헨티나 국경선으로 분단되어 있을 뿐 하나의 지역이라고 할 수 있다. 충분한 시간과 노력만 투자한다면 한 차례 여행을 통해 국경을 오가며 두 국립공원을 걷는 일도 가능하다.

엘찰텐이 가장 인기를 끄는 시기는 12월에서 2월 사이 남반구에 여름이 찾아올 때다. 겨울철 엘찰텐은 수은주가 영하를 오락가락하는 엄동설한의 산동네로 변하기에 이곳에서 장사하는 사람들도 숙소와 식당 문을 닫고 새로운 시즌을 준비한다. 반면 여름철에는 밤 기온이 5도 이상이고 낮 기온이 15도 이상인, 걷기에 딱 좋은 동네로 탈바꿈한다.

엘찰텐의 여러 트레킹 코스를 충분히 누렸다면 로스글라시에레스 국립공원의 다른 지역을 탐험해보는 것도 바람직하다. 로스글라시에레스 국립공원 안에는 대규모 빙하가 세 곳 있다. 그중 가장 유명한 페리토모레노 빙하(Perito Moreno Glaciar)는 육로로 접근이 가능할 뿐만 아니라 직접 빙하 위에 올라가 볼 수도 있다. 엘찰텐에서 페리토모레노 빙하까지는 거리도 제법 멀고 투어 가격도 비싼 편이지만 기왕 여기까지 왔으니 세상 끝의 빙하를 한 번은 보고 싶지 않은가?

꿈꾸는 여행 포인트

일상을 통해 체력을 잘 관리하면 우리가 꿈꾸는 트레킹 여행을 좀 더 완벽하게 해낼 수 있고, 더 나아가 꿈에 그리던 난이도 높은 트레킹에 도전할 마음도 품게 된다. 우리는 매사에 성실할 뿐만 아니라 산에서 약한 모습 보이기를 누구보다 싫어하는 불굴의 한국인이다. 자신의 의지와 능력을 믿고 열심히 꿈을 키워보자.

달콤한 아포칼립스

미국 스포캔 & 미국 허드슨밸리

미국 지리에 어지간히 해박한 사람이 아니고서야 워싱턴 D.C.와 워싱턴주를 정확히 구분하기란 쉽지 않다. 미국의 수도인 워싱턴 D.C.는 미국이 영국으로부터 독립하면서 세운 도시다. 동해안의 포토맥강 하류에 자리 잡고 있으며, 건국의 아버지이자 초대 대통령인 조지 워싱턴이 직접 입지 선정에 관여했다고 한다.

한편 워싱턴주는 미국 서해안 북부에 있다. 워싱턴 D.C.가 수립되고 60년쯤 후에 미국의 열여덟 번째 주로 설립되었으며, 워싱턴 D.C.와 마찬가지로 조지 워싱턴에게서 이름을 따왔다. 물론 조지 워싱턴 본인은 워싱턴주에 가본 적이 없을뿐더러 이런 곳이 있는지도 모른 채 죽었지만 말이다. 마치 남미 사람들이 남아메리카 독립운동의 영웅인 시몬 볼리바르의 이름을 온갖 동네와 도시와 나라(볼리비아)에 붙여놓아

이방인이 혼란을 겪는 것과 비슷하다. "광주요." 하면 "전라도 광주요?"라는 질문이 따르듯이 "볼리바르요." 하면 "페루 볼리바르요? 에콰도르 볼리바르요?"라는 질문이 뒤따르고 "워싱턴이요." 하면 "D.C.요? 아니면 워싱턴주요?"라는 질문이 따라오게 마련이다.

우리나라의 1.8배가 넘는 면적을 지닌 워싱턴주의 인구는 800만 명에 불과하다. 그 가운데 절반은 주에서 가장 큰 도시인 시애틀에 와글와글 모여 산다. 자, 그렇다면 워싱턴주의 자연이 얼마나 광활할지 상상이 가지 않는가? 숲이 우거진 태평양 연안 지역에는 유네스코 세계자연유산인 올림픽 국립공원이 있다(이곳에서 차가운 바다의 귀여운 털북숭이 해달을 볼 수 있다!). 중부에는 광활한 농지와 평원이 펼쳐져 있으며 동부에는 로키산맥에서 쏟아져 내려오는 강물에 수많은 물고기가 펄떡거린다.

이처럼 워싱턴주는 좋은 말로 하면 자연경관이 끝내주는 곳이고, 달리 말하자면 무척이나 쓸쓸하고 심심한 전형적인 미국 북서부 주라고 할 수 있다. 내가 꿈꾸는 도시 스포캔(Spokane)은 시애틀에서 출발해 넓고 쓸쓸한 워싱턴주를 4시간 동안 가로지르면 나오는 쓸쓸한 도시다. 인구는 60만 명이고 고층 건물은 찾아보기 어려우며 임업, 광업, 농업 등 100년 전부터 이어져 내려오는 1차 산업이 중심인 동네다. 미국 소도시이다 보니 변변한 역사 유적이나 문화유산이 있는 것도 아니고, 우리 입맛에 맞는 음식도 찾기 힘들며 우범 지역에서는 가끔 총기 사건이 발생하기도 한다.

보통의 경우라면 스포캔으로 여행을 떠나거나 이사를 하고 싶은 마음을 품지 않는 게 당연할 법하다. 하지만 스포캔의 내성적인 느낌과 도심을 흐르는 힘찬 강물은 우리 안에 내재한 어떤 특이한 욕망과 만나 독특한 매력을 발산한다. 즉 스포캔은 인간의 종말 판타지와 만나 "와, 여기 정말 좋다. 지구 종말의 날이 와도 여기서라면 살아남을 것 같아!"라는 이상한 낭만을 선사하는 곳이다.

이와 같은 매력을 감지한 일군의 작가와 제작자 덕분에 스포캔은 〈Z 네이션〉이라는 드라마에 등장하게 되었다. 드라마 자체에 대해서는 결코 "이 드라마 재밌으니까 꼭 보세요. 제가 보장할게요."라고 말할 수 없지만, 좀비 대재앙으로부터 문명을 보존하고 미래를 구상하는 장소를 스포캔으로 설정한 대목만큼은 충분한 설득력이 있다고 생각한다.

오늘날 〈Z 네이션〉과 같은 수많은 포스트 아포칼립스 창작물이 넘쳐나는 이유는 간명하다. 다수의 현대인이 종말에 로맨스를 품고 있기 때문이다. 오늘날 우리는 비대해진 사회에서 상대적으로 위축된 자아를 짊어지고 상처 입은 채 살아간다. 일이백 명 규모로 모여 사는 지역 공동체가 세상의 전부나 다름없던 과거에는 비록 생활환경은 열악했지만 구성원 한 사람 한 사람이 모두 중요한 역할을 띠고 있었다. 이처럼 작고 의미 있는 세상이 커다란 공업 도시와 민족 국가를 거쳐 80억 명 규모의 세계 경제 체제로 팽창해버렸으니, 이제 우리는 자신이 좁쌀보다 작고 먼지만큼 흔한 존재임을 늘 자각해야 하는 처지가 되었다.

이와 같은 인식으로부터 "세상이 다시 작아지면 얼마나 멋질까?"라는 환상이 탄생한다. 하찮아진 자아를 다시 충만하게 만들기 위해서라면 핵전쟁이나 좀비 대재앙이나 지구 규모의 자연재해에서 오는 위험과 불편쯤은 별것 아니다. 이 몽환적인 판타지 세계의 주인공은 바로 나와 내 가족, 소중한 사람들이다. 조연과 엑스트라가 재앙에 쓸려 내려가고 악당들의 인간성이 바닥으로 곤두박질치는 동안 주인공은 불굴의 의지와 명민한 지혜와 남다른 행동력을 바탕으로 생존하고 존엄성을 쟁취한다.

아포칼립스에 대한 달콤한 환상은 그에 딱 어울리는 장소를 필요로 한다. 어떤 장소가 이와 같은 몽상에 적합할까? 먼저 복잡한 현대사회와 적당한 거리가 있어야 한다. 대자연에 둘러싸여 고립된 곳이면 더 좋다. 그래야 좀비 바이러스나 외계 침략자 들로부터 비교적 안전하기 때문이다. 또한 그곳에서 식량을 생산할 수 있는지, 목재와 광물을 비롯한 필수 자원을 얻을 수 있는지도 중요하다.

이와 같은 측면에서 스포캔은 우리의 종말 판타지에 딱 어울리는 장소다. 스포캔의 산업 구조가 1차 산업 중심이라는 사실은 스포캔 인근에서 필수적인 자원을 모두 구할 수 있음을 뜻한다. 스포캔은 밀과 목재로 유명하고 금과 은을 포함해 다양한 광물이 산출

되는 곳이다. 더불어 다른 대도시에서 멀리 떨어져 있어 각종 재앙의 위협으로부터 비교적 안전하다. 마지막으로 스포캔 도심을 흐르는 스포캔강의 급류와 두 곳의 도심 수력발전소는 이곳의 매력에 방점을 찍는다. 아무리 포스트 아포칼립스 시대의 원시적 삶이라 할지라도 전기는 필요하지 않을까? 기왕 발전소를 둘 거라면 아예 도시 안에 두면 좋고, 나아가 왠지 특별한 자원과 기술 없이도 오랜 세월 전기를 평평 생산할 것만 같은 수력발전소가 좋지 않겠는가!

포스트 아포칼립스 창작물에 등장한 여러 지역 가운데 스포캔과 더불어 내 마음에 커다란 울림을 주었던 곳을 하나 더 소개할까 한다. 영화 〈콰이어트 플레이스〉에 등장한 미국 북동부 허드슨밸리(Hudson Valley) 지역이다.

〈콰이어트 플레이스〉 속 세상은 소리로 인간을 탐지해 무자비하게 사냥하는 외계 괴물들에게 점령당한 상태다. 주인공 가족은 뉴욕시에서 빠져나와 뉴욕주 허드슨밸리 지역에 피난처를 마련한다. 귀가 들리지 않는 딸 때문에 가족 모두 수화를 할 줄 알았다. 그

덕에 이들은 이곳에서 말소리 하나 내지 않는 고요한 삶의 방식을 터득해나간다.

영화에 나오는 것처럼 허드슨밸리는 농업으로 유명한 지역이다. 허드슨강 유역을 따라 조성된 광활한 농업지대에는 와인 농가가 많지만, 뉴욕의 유수 레스토랑과 직거래 계약을 맺은 채소 농가도 많다. 또한 허드슨밸리(허드슨 계곡)라는 이름에서 알 수 있듯 산과 언덕의 비중이 높은 지역이라는 점도 달콤한 아포칼립스의 내향적 환상을 부추기기에 적합한 조건으로 작용한다. 스포캔이 종말 후 문명 건설이라는 웅장한 판타지를 자극하는 곳이라면, 허드슨밸리는 좀 더 아기자기하고 내밀한 생존 이야기의 무대가 되어준다.

달콤한 아포칼립스에 대한 환상은 "내가 재벌이 된다면 뭘 해볼까?"라든지 "갑자기 이세계(異世界)에 가거나 시간 여행을 하게 되면 무얼 하고 살까?", "슈퍼 파워가 생긴다면 어떤 게 좋을까?"라는 환상처럼 누구나 즐길 수 있는 유희적 환상이지만 여기에 너무 진지하게 몰입하면 곤란하다. 달콤한 종말의 환상에 압도당해 자기만의 세계에 갇힌다거나 둠즈데이 프레퍼(Doomsday Preppers, 종말의 날을 대비해 시골에 틀어박혀 자급자족적 생활환경을 구축하는 독특한 사람들)가 되는 일은 피해야 한다.

반면 아포칼립스에 대한 환상을 활용해 스스로를 돌아보는 일은 바람직하다. 스포캔강과 허드슨강의 힘차고 유유한 물살을 바라보면서 종말의 날 이후 주인공으로 등극할 수 있는 지혜와 용기와 사랑이 자기 내면에 있는지 생각해보고, 나 자신이 반드시 아포칼립스를 필요로 할 만큼 무의미하고 왜소한 인간인지 자문해보는 것이다. 그렇게 한다면 달콤한 아포칼립스라는 몽환은 일상을 살아가는 용기와 의미감, 주변 모든 이들에 대한 감사로 승화될 수 있다.

꿈꾸는 여행 포인트

현대인의 불우한 자아를 파고드는 미디어 콘텐츠는 어디에나 널려 있다. 이를 가볍고 유희적인 자세로 소비하면 문제될 것 없지만 과몰입하다가는 어느새 세상과 인생에 대한 비관적 관점과 냉소적 자세가 몸에 밸 수 있다. 포스트 아포칼립스 창작물에 너무 몰입한 게 아닌가 스스로 의심이 든다면 작품에 등장하는 장소를 찾아가 보자. 그곳의 생생한 생활감에 정신이 번뜩 들지도 모른다.

자기 초월적 여행

페루 카미노델잉카 & 보츠와나 오카방고 삼각주

우리는 간혹 한계에 도전하는 여행을 꿈꾼다. 여행을 완수해내는 이미지를 쉽게 떠올릴 수는 없지만, 거꾸로 한 번도 도전해보지 않은 채 선선히 살아가는 모습도 상상하기 힘들다. 자신의 한계에 도전한다는 의미에서 이런 종류의 여행 꿈은 '자기 초월적인 여행 꿈'이라고 부를 수 있다.

내가 품은 자기 초월적인 여행 꿈 가운데 페루의 카미노델잉카(Camino del Inca) 트레킹에 대해 먼저 이야기하고 싶다. 이미 하이킹 이상 등반 이하가 어쩌고저쩌고 한참 떠들어놓고 이제 와서 "트레킹 정말 초월적으로 어려울 것 같아요."라고 말하려니 머쓱한 기분이 든다. 하지만 카미노델잉카는 내게 특별히 모험적인 느낌을 주는 궁극의 트레킹 꿈이다.

카미노델잉카, 다시 말해 '잉카인의 길'은 쿠스코

에서 마추픽추를 연결하는 옛 잉카 제국의 길을 뜻한다. 길의 시작에 있는 쿠스코는 잉카 제국 역사의 시발점이자 종착지이기도 하다. 전설에 따르면 페루의 동굴에서 생활하던 유목 민족 잉카인들이 마법의 황금 지팡이를 들고 정주할 곳을 찾아 나섰는데 쿠스코에 이르자 지팡이가 땅속으로 꺼졌다고 한다. 이에 잉카인은 원래 쿠스코에 살던 사람들을 몰아내고 이곳을 자신들의 터전으로 삼았다. 이 전설은 잉카인의 기원에 대한 힌트를 제공하며, 나아가 황금과 떼려야 뗄 수 없는 관계를 맺고 결국 황금에 눈이 뒤집힌 스페인 정복자들에게 멸망당하고 만 잉카의 역사를 돌아보게 한다.

카미노델잉카의 종착지인 마추픽추는 잉카의 유명한 황제 파차쿠티(Pachacuti)가 만든 일종의 왕가 별장지인 것으로 추정된다. 파차쿠티와 그의 아들 투팍(Túpac)은 쿠스코 일대에 국한되었던 잉카의 영역을 안데스산맥 전체에 걸친 200만 제곱킬로미터의 영토로 확장했다. 카미노델잉카는 잉카 제국 핵심부에서 잉카인들이 분주히 사용하던 길이며, 안데스산맥을 따라 고산 제국을 형성한 잉카인들의 삶과 정신세계를 이해하게 해주는 고산의 길이다.

카미노델잉카 트레킹은 이른 아침 쿠스코에서 차를 타고 트레킹 시작점인 오얀타이탐보(Ollantaytambo)에 도착하는 것으로 시작된다. 하지만 이 길을 가본 이들은 아예 오얀타이탐보에서 하룻밤을 묵고 출발할 것을 권한다. 잉카 제국 시절 꽤 중요한 마을이었던 오얀타이탐보는 오늘날 마추픽추만큼이나 잘 보존된 잉카 유적지로 유명하므로 이를 둘러볼 시간을 가지라는 것이다.

오얀타이탐보에서 입산 행정 절차를 마치고 트레커들과 가이드, 포터, 요리사로 꾸려진 팀이 전열을 정비하면 이제 본격적인 3박 4일의 트레킹이 시작된다. 카미노델잉카 트레킹은 숙식을 거의 길에서 해결한다. 텐트에서 잠을 자다 보면 간혹 한숨도 자지 않은 것과 비슷한 몸 상태가 된다. 특히 강도 높은 트레킹과 산악 캠핑이 반복되는 4일간의 일과는 몸에 적잖은 부담을 줄 수 있다.

카미노델잉카에서 가장 힘든 구간은 해발 4,200

미터에 이르는 '죽은 여인의 길'이다. 산세가 죽은 여인의 모습 같다고 해서 붙여진 이름이지만, 4일간의 트레킹 중 가장 힘들다는 2일 차 트레킹을 소화하며 이 길목을 지날 무렵이면 그 이름이 완전히 다른 의미로 다가올 것만 같다.

그러나 카미노델잉카에서 보내는 4일이 오로지 육체적 도전이자 등산의 고통만을 의미하지는 않을 것이다. 잉카인의 길은 안데스산맥의 절경과 늘 함께하며, 가는 길목마다 잉카 제국의 유적지들이 나타나 감탄을 자아낼 것이다. '영원한 젊음'과 같은 멋진 이름이 붙은 잉카 사적지는 일반적으로 층층이 조성된 계단식 논 상층부에 집단 거주지와 사원이 자리 잡은 형태를 보인다. 화폐가 없고 시장 경제가 발전하지 않았던 잉카 제국에서는 사람들이 이렇게 생긴 마을에서 폐쇄적이고 자급자족적인 생활을 영위했다.

이 길의 끝에 있는 마추픽추도 유사한 구조로 이루어져 있다. 제국의 몰락 이후 수백 년간 사람의 발길이 끊겼던 절대적 비경 마추픽추는 그곳에서 감자 농사를 지으며 왕을 섬기고 태양신 인티를 경배하던 잉카인들의 혼이 잠든 곳이다. 트레커들은 4일 차 새벽에 '태양의 문'에 올라 마추픽추를 비추는 일출을 감상한 뒤 마추픽추 곳곳을 탐사한다. 이처럼 카미노델잉카는 그 자체로 멋진 여정일뿐더러 특별한 목적지에 이르는 가장 멋진 방법이기도 하다.

페루 정부에서 엄격히 관리하는 트레킹 코스인 까닭에 카미노델잉카 자유 여행은 불가능하다. 반드시 투어를 예약해야 하는데, 하루 입장객이 500명으로 제한되어 있기에 1년쯤 앞서 예약을 해야 한다. 심지어 500명 중 현지인 가이드와 포터와 요리사가 절반 이상의 쿼터를 차지하므로 여행자들 몫으로 돌아오는 건 200자리 남짓이라고 한다. 여러모로 가혹한 조건임은 분명하지만, 카미노델잉카에 도전할 욕망과 용기를 갖춘 사람에게는 이 또한 그들의 성취를 한껏 돋보이게 하는 요소에 불과할 것이다.

카미노델잉카에 이어 알아볼 나의 또 다른 초월적 여행 목적지는 오카방고 삼각주(Okavango Delta)다. 카미노델잉카가 육체적 초월을 필요로 한다면 오카방고 삼각주는 심리적 초월을 요구한다.

보츠와나의 오카방고 삼각주는 세계 최대의 내륙 삼각주다. 강물이란 대저 바다로 흘러든다는 게 우리의 상식이다. 실제로 한강과 낙동강 등 우리나라 하천들과 나일, 아마존, 양쯔, 미시시피, 콩고, 강가, 메콩 등 세계의 유명한 강들이 모두 바다로 흘러든다. 하지만 강이 바다가 아니라 육지 쪽으로 흐른다면 어떻게 될까? 온 땅에 홍수가 나서 거대한 습지가 형성되지 않을까? 그런 곳이 현실에 존재한다. 바로 오카방고 삼각주다.

오카방고 삼각주에 물을 쏟아내는 오카방고강은 보츠와나 북서쪽 앙골라 고원지대에서 발원한다. 남반구 국가인 앙골라는 1월과 2월에 여름을 맞이하고 이때 많은 비가 고원지대에 쏟아진다. 이 빗물이 3월부터 시작해 칼라하리사막 한복판으로 쏟아지며 오카방고 삼각주를 만든다. 특히 7월과 8월이 되면 삼각주의 면적이 2만 2,000제곱킬로미터에 달하게 된다. 우리나라에서 가장 큰 행정구역인 경상북도보다 더 넓은 면적에 물이 철철 넘치는 습지가 형성되는 것이다. 오카방고 삼각주는 지상에서 보았을 때보다 국제

우주정거장에서 내려다본 풍경이 더 아름다울 정도로 웅장한 규모를 자랑한다.

7월에서 9월에 이르는 기간은 남아프리카의 한겨울로 칼라하리사막이 가장 건조해지는 시기다. 이때 건조지대 한복판에 거대한 습지가 조성되니 근처에 사는 모든 동물이 이곳으로 몰려들 수밖에 없다. 절정기의 오카방고 삼각주는 무수하고 다양한 동물들로 찬란히 빛나는 경이로운 대자연이 된다. 이 경이의 아주 작은 부분이라도 직접 체험하고 싶은 마음에 나를 포함한 많은 이들이 오카방고 삼각주를 꿈꾼다.

그러나 오카방고 삼각주는 결코 가벼운 마음으로 여행할 수 있는 곳이 아니다. 대자연이란 자연의 힘이 인간을 압도하는 곳이자 동물이 인간에 대해 우위를 차지하는 공간이다. 이런 곳을 편안하고 안전하게 여행할 생각은 일찌감치 고쳐먹는 게 좋다.

오카방고 삼각주에서 가장 무서운 것은 뭐니 뭐니 해도 동물들이다. 사자와 표범, 악어와 같은 맹수도 무섭지만 사파리 투어를 하는 여행자 입장에서는 초식동물을 더 조심해야 할지 모른다. 아프리카에서는 물소도 조심해야 하고 코뿔소와 코끼리를 맞닥뜨리면 우선 긴장부터 해야 한다.

무엇보다 오카방고 삼각주에는 1만 마리 이상의 하마가 살고 있다. 몸무게가 톤 단위인 이 괴수들은 사람이 전혀 눈치채지 못하게끔 물속을 잠행하다가 불쑥 배를 뒤집어버릴 수 있다. 일단 배가 뒤집히고 나면 하마의 어마어마한 입과 이빨이 살을 찢고 뼈를 부순다. 오카방고 삼각주에서는 배에 탄 채 동물들을 구경하게 되므로 아프리카에서 가장 많은 사람을 죽음으로 내몬 동물 가운데 하나인 하마가 두렵지 않을 수 없다.

4일간의 고된 트레킹 겸 캠핑에 대한 근심과 오카방고의 하마에 대한 두려움은 쉽게 떨치기 힘들고, 그래서도 안 되는 중요한 경고음이다. 하지만 우리가 충분히 강한 소망을 품고 열심히 여행을 준비한다면 결국 내면의 안전장치를 해제하고 초월적인 여행에 나설 수 있다. 전설로 불리는 잉카인의 길을 따라 마추픽추에 당도하는 것을 버킷리스트 1번 자리에 올려놓은 사람은 평소 어디든 열심히 걸어 다니고 캠핑 연습을 하며 대업을 완수할 준비를 갖출 것이다. 오카방고의 하마는 무섭지만 그곳에서 지상 최대의 사파리를 경험하는 것이 소원인 사람은 여러 투어 업체 가운데 안전을 무엇보다 중시하는 곳을 찾아내려고 열심히 정보를 수집할 것이다. 우리의 육체적 한계와 심리적 저항감이 오히려 더 안전하고 행복하고 의미 있는 여행을 만드는 데 기여할 수 있다니, 얼마나 멋진 일인가!

꿈꾸는 여행 포인트

하고 싶지만 할 수 없을 것 같은 여행이야말로 마음속 깊은 곳에서 가장 뜨겁게 타오르는 여행 꿈이 된다. 그 열기를 에너지 삼아 일생일대의 여행을 준비해보자. 이때 여행에 필요한 체력과 기술, 마음가짐 등은 어찌어찌 해결한다 해도 여행을 함께할 동료를 찾는 일은 결코 만만치 않다. 어렵고 초월적인 여행일수록 듬직한 동료가 필요하다. 자기를 초월하는 일을 혼자 해내기는 힘드니 말이다. 우리의 뜨거운 여행 꿈이 동료의 소중한 소망으로 전이될 수 있도록 가지고 있는 모든 정보와 스토리텔링 기술을 활용해보자!

숲속의 벌새와 이상향

코스타리카 몬테베르데 운무림 보호구역

1951년 미국 앨라배마의 퀘이커교도 열한 가족이 중앙아메리카 코스타리카의 북부 산지로 이사해 왔다. 퀘이커교는 영국 국교회에서 분리된 진보주의 종파다. 역사적으로 미국의 퀘이커교도는 여성 참정권 운동에 적극적이었고 노예제 폐지에 앞장섰으며 열성적인 평화주의자를 자처했다. 앨라배마의 퀘이커교도들이 미국을 떠난 이유도 이들의 종교적 신념, 특히 평화주의와 관련이 깊다. 이들이 미국을 떠난 1951년은 한국전쟁을 빼놓고 이야기할 수 없는 해다. 미국은 모병제 국가이지만 독립전쟁과 남북전쟁, 1차 세계대전과 2차 세계대전, 한국전쟁과 베트남 전쟁 때 징병제를 실시한 바 있다. 한국전쟁 당시 178만 9,000명의 미군이 파병되었는데, 앨라배마의 퀘이커교도들은 징병을 거부하고자 미국 땅을 등졌다.

이들이 하고많은 나라 가운데 코스타리카를 선택한 것은 코스타리카가 1949년에 군대를 폐지했기 때문이다. 사실 1940년대의 코스타리카는 심한 좌우 대립에 휩싸여 있었고 1948년의 대통령 선거를 기점으로 이 갈등이 폭발했다. 집권당인 좌파 국민공화당은 대선에서 패배하자 이를 부정선거로 규정하고 무효화했다. 이에 우파 야당을 이끌던 호세 피게레스 페레르(José Figueres Ferrer)가 유혈 쿠데타를 일으켜 국민공화당 정권을 타도했다.

그런데 이 피게레스라는 사람이 제법 독특한 인물이었던 듯하다. 보통 그와 같은 식으로 권좌에 오른 중남미 반군 지도자들은 곧바로 독재자로 둔갑해 국민을 무자비하게 탄압하고 스위스 은행 계좌에 두둑한 비자금을 채워 넣곤 하는데 피게레스는 달랐다. 집권한 후 그는 자신이 몰아낸 국민공화당이 추진했던 여러 개혁 노선을 이어받아 코스타리카를 좀 더 자유롭고 평등한 나라로 만들었다. 여성 참정권을 보장하고 흑인에게 시민권을 부여하고 각종 사회보장제도를 실시한 것이 대표적이다. 또한 군대를 해산해 더 이상

군사 쿠데타가 일어날 수 없게 하고 주변 국가의 정치 불안정에 휩쓸리는 일이 없도록 만들었다. 자신의 집권을 뒷받침해준 미국과 커피 플랜테이션 농장주들에게는 공산당 금지라는 빛 좋은 먹이만 달랑 던져주고 이 모든 개혁을 성사시켰으니, 피게레스는 정치적 수완이 뛰어난 이상주의자였다고 평가할 수 있다.

군대 없는 나라 코스타리카의 평화주의적 이상에 이끌려 온 퀘이커교도들은 녹색 산이라는 뜻의 몬테베르데 주변 선선한 고지대에 터전을 마련하고 낙농업을 시작했다. 앨라배마보다 한결 좋은 날씨에 징병 걱정도 없는 아름다운 땅에서 이들은 넓은 농장을 조성하고 자신들만의 이상향을 가꾸어나갔다.

그런데 시간이 흐르면서 이들의 목가적 공동체는 서서히 다른 성격을 띠기 시작했다. 아름다운 숲과 독특한 생물들 한복판에 살게 된 이상주의자들이 점차 자연주의자로 변해간 것이다. 이들은 몬테베르데 운무림의 자연을 공부하고 날씨를 기록하고 동식물의 사진을 찍었다. 또한 함부로 농장을 확장하려 하지 않았고, 개중에는 농장을 없애버리고 숲만 간직하는 농부 아닌 농부들도 나타났다. 결과적으로 이들의 터전은 오늘날 '몬테베르데 운무림 보호구역(Monteverde Cloud Forest Biological Reserve)'이라고 불리는 자연주의 이상향으로 발전하게 되었다.

마을 사람들의 관찰과 보고를 통해 몬테베르데 운무림이 세상에 알려지자 1960년대부터 연구자들이 이곳을 찾아오기 시작했다. 그중 제이 새비지(Jay Savage)라는 미국 생물학자는 몬테베르데 운무림에 서식하는 황금두꺼비를 연구함으로써 이곳이 생물학자들의 핫 플레이스가 되는 데 크게 기여했다.

황금두꺼비는 몬테베르데 운무림 내의 좁디좁은 서식지에 모여 살던 희귀하고 독특한 생물이었다. 해발 1,500미터에 자리한 구름 자욱한 운무림의 가장 비밀스러운 구획에 들어서면 조그만 웅덩이에 몸길이 5센티미터 남짓한 아름다운 황금빛 두꺼비들이 공처럼 뭉쳐서 교미하는 모습(성비가 10대1 가까이 차이 나서 암컷 한 마리에 수컷 여러 마리가 엉긴 것이다)을 볼 수 있었다고 한다.

개체 수가 가장 많을 때에도 1,500마리를 넘기

지 않았던 황금두꺼비는 1980년대 말 엘니뇨가 닥치자 자신들을 사랑하고 열렬히 연구하는 학자들이 보는 앞에서 멸종되고 만다. 몸집이 작은 황금두꺼비는 알을 낳을 때도 작은 물웅덩이를 이용했다. 엘니뇨로 인한 건기 가뭄이 닥치자 작은 물웅덩이들은 그 안에서 자라던 황금두꺼비의 다음 세대와 함께 말라버렸다. 황금두꺼비를 세상에 널리 알린 제이 새비지는 IUCN(동식물의 보존 상태와 멸종 여부를 연구해 공시하는 국제 자연보존 단체) 평가팀에 합류해 직접 황금두꺼비의 절멸을 선언하는 비극을 겪어야 했다.

하지만 세상에는 단지 사람 눈에 띄지 않는다는 이유로 멸종했다고 여겨진 동물들도 있다. 일례로 코스타리카에 살다가 멸종 판정을 받은 다른 개구리는 25년 만에 재발견되어 판정이 해제되기도 했다. 자연은 우리 생각보다 위대하며 간혹 상상하기 힘든 회복력을 보이기도 한다. 비록 지난 30년 동안 황금두꺼비를 되찾고자 하는 이들의 열성적인 노력이 모두 수포로 돌아가긴 했지만, 황금두꺼비의 서식지가 철저히 보호되고 있다는 점을 감안하면 희망을 버릴 이유는 없다.

황금두꺼비와 더불어 몬테베르데 운무림의 새들도 이곳을 자연주의 이상향으로 만드는 데 커다란 공헌을 했다. 운무림에는 30여 종의 벌새와 큰 부리로 유명한 투칸이 살며 세상에서 가장 아름다운 새들이라는 케찰과 트로곤과 마나킨이 산다. 내겐 꼭 한번 만나보고 싶은 새가 4종 있다. 4종 중 뉴기니섬의 '아름다운 과일 비둘기'(이름부터 벌써 아름답지 않은가?)를 제외한 '케찰'과 '목도리 트로곤', '긴 꼬리 마나킨'은 모두 몬테베르데 운무림에서 만날 수 있다.

나처럼 운무림의 아름다운 새들을 보고 싶어 안달이 난 이들이 1960년대부터 하나둘 퀘이커 마을을 찾아왔다. 그중 밥 로(Bob Law)라는 사람은 이곳을 방문했다가 반해버린 나머지 아예 이사를 왔다. 그는 운무림에 살며 이곳을 찾는 여행자와 생물학자를 위한 동식물 가이드북을 만들었고, 훗날에는 보호구역 내에 에코 로지(lodge)를 조성하고 트레킹 코스를 가꾸어 몬테베르데 운무림이 세계적인 에코투어리즘의 명소가 되는 데 일조했다.

마지막으로 몬테베르데 운무림 보호구역의 설립에 결정적 역할을 한 젊은 새 애호가이자 연구자 부부를 빼먹어서는 안 될 것이다. 1970년에 퀘이커 마을에 도착한 조지 파월(George Powell)과 해리엇 파월(Harriett Powell)이다. 이곳에서 운무림의 새들을 연구한 두 사람은 박사 논문을 완성한 후에도 한동안 코스타리카를 떠나지 않았다. 논문을 쓰는 동안 운무림에 보호구역을 조성하고 싶다는 강렬한 목표 의식이 생겼기 때문이다. 이들 부부는 사비를 털어 땅을 구입하고 코스타리카의 기업과 기관을 설득해 총면적 4제곱킬로미터가량의 땅을 보호구역으로 설정하는 데 성공했다. 이후 많은 이들의 열정과 노력이 모여 이 좁디좁은 사설 보호구역은 100제곱킬로미터가 넘는 자연주의 이상향으로 발전하게 되었다.

오늘날 몬테베르데 운무림 보호구역을 찾는 관광객은 1년에 7만 명이 넘는다. 날씨가 맑고 새를 관찰하기 좋은 겨울철에는 사람들로 바글거린다고 하니, 사람이 아닌 새를 보러 가려는 입장에서는 신경이 쓰이지 않을 수 없다. 관조 투어 요금은 1인당 90달러이고 최소 3명에서 최대 6명까지 사람을 모아야 투어를 예약할 수 있다. 오늘날 40명 이상의 투숙객을 수용할 수 있는 에코 로지 '라 카소나(La Casona)'의 1박 요금도 엇비슷하다. 아무렴 어떤가. 운무림의 자욱한 안개 속으로 뻗어 있는 현수교를 걷다 꿈에 그린 귀여운 벌새를 볼 수 있다면, 혹은 운 좋게도 숙소에서 밥을 먹다가 멋지고 아름다운 케찰을 볼 수만 있다면. 여기까지 오는 데 들인 돈과 시간과 수고 따위는 싹 잊고 언제까지나 안개 구름 위를 떠다니는 기분이 들지 않을까.

꿈꾸는 여행 포인트

인간의 이상이 담긴 장소는 이와 비슷한 다른 장소들에 비해 훨씬 매력적으로 다가온다. 특히 그곳에 담긴 이상이 우리 자신의 것과 일치할 때 감동은 배가된다. 자신이 생각하는 이상향이 어떤 곳인지 떠올려보고 그에 어울리는 장소를 찾아보자. 이때 이상과 현실이 완전히 일치할 필요는 없다.

데스티네이션 언노운

우루과이 몬테비데오 & 도미니카공화국 산토도밍고

워낙 많은 일을 함께해서 간혹 한 나라로 보이기도 하는 덴마크, 노르웨이, 스웨덴은 스칸디나비아에어라인시스템(SAS)이라는 항공사를 공동으로 운용하고 있다. 우리로 따지면 한국과 일본, 대만 국적기가 모두 대한항공인 셈이랄까.

그런데 2024년부터 SAS에서 재미있는 항공권을 판매하고 있다. 오직 SAS 마일리지로만 구매할 수 있는 이 표에는 SAS의 세 허브 공항 중 한 곳인 코펜하겐 공항(나머지 둘은 당연히 오슬로와 스톡홀름 공항이다)에서 출발해 '몇 시간 정도' 비행하는 3박 4일짜리 왕복 항공권이라는 정보만 명시되어 있다. 즉, 이 표를 구입한 승객들은 목적지를 모르는 상태로 공항을 떠나 비행기가 순항 고도에 이른 뒤에야 자신들의 목적지를 알 수 있다.

2024년과 2025년에 한 번씩 이륙한 '데스티네이션 언노운(Destination Unknown)' 비행기는 그리스 아테네와 스페인 세비야에 각각 착륙했다고 한다. 북유럽에는 아직 길거리에 눈이 쌓여 있을 추운 봄철에 비행 시간이 길지 않은 따뜻한 남유럽을 목적지로 삼는 것 같으니 아마도 2026년의 데스티네이션 언노운은 이탈리아 나폴리나 몰타의 발레타 정도가 되지 않을까 예상해본다.

SAS의 색다른 시도 덕분에 나 역시 "나라면 어떤 미지의 목적지에 가고 싶을까?"라는 다소 모순적인 (미지인데 미지가 아니다) 상상을 하게 되었다. 비행 시간이 적당해야 한다는 둥 물가가 너무 비싸면 곤란하다는 둥, 목적지를 모르고 떠나기에 발생하는 현실적 제약 조건은 일단 모두 무시하기로 하자. 그렇다면 나는 저 멀리 우루과이의 몬테비데오(Montevideo)나 도미니카공화국 산토도밍고(Santo Domingo)에 툭 떨어지고 싶다. 적극적으로 나서서 여행을 계획하지는 않을 성싶지만 데스티네이션 언노운이라는 명목으로 보내준다고 하면 또 가슴이 두근거릴 만한 낯선 도시들에 대한 꿈이 있다.

우루과이는 이웃 나라인 아르헨티나와 문화적으로 비슷한 대신 크기가 훨씬 작아서 아르헨티나의 축소판으로 여겨지기도 한다. 특히 우루과이의 수도 몬테비데오와 아르헨티나 수도 부에노스아이레스는 라플라타강(Río de la Plata, 얼핏 보면 바다로 보이지만 민물과 바닷물이 뒤섞인 세계에서 가장 넓은 강어귀다)을 사이에 둔 항구도시들인데 직선거리로 200킬로미터밖에 떨어져 있지 않다. 도시 규모가 훨씬 작은 몬테비데오 쪽이 부에노스아이레스의 축소판이자 하위 호환이며 덤으로 여겨진다 해도 이상할 게 없는 상황이다.

하지만 몬테비데오의 이런 특징이 데스티네이션 언노운으로서는 오히려 매력적일 수 있다. 우리에게 꽤 친숙한 아르헨티나(물론 나는 아르헨티나에 가본 적도 없지만 아르헨티나 정도면 적당히 유명한 나라 아닌가!)와 닮은 점이 많다고 하니 입국 수속을 밟을 때도 두렵지 않을 테고 공항 문을 나서도 크게 불안하지 않을 것이다. 나아가 부에노스아이레스는 인구 1,400만 명에 육박하는 메가시티지만 몬테비데오는 200만 명이 채 안 되는 맛

깔나는 크기의 도시다. 몬테비데오가 듣던 대로 부에노스아이레스의 축소판이라면 부에노스아이레스에서 누릴 수 있는 모든 것을 몬테비데오에서 더욱 아늑하게 경험할 수 있지 않겠는가.

몬테비데오에서 겪어보고 싶은 것으로 가장 먼저 축구가 떠오른다. 아르헨티나든 우루과이든 유명한 축구 선수는 전부 유럽이나 미국에서 활동하고 있지만 현지의 축구장은 여전히 세계에서 가장 열정적인 관중들로 가득 찬다. 부에노스아이레스에서 제일 유명한 축구 경기는 이곳에 연고를 둔 보카 주니어스(Boca Juniors)와 리버 플레이트(River Plate) 간의 라이벌전인 '수페르클라시코(Superclásico)'다. 한편 몬테비데오에서 열리는 가장 유명한 축구 경기는 몬테비데오의 명문 구단들인 나시오날(Nacional)과 페냐롤(Peñarol) 사이에 벌어지는 '우루과이 수페르클라시코'다. 나시오날과 페냐롤에 어떤 선수가 뛰고 있는지는 몰라도 남미 축구 경기장의 무시무시한 열기를 느껴보고 싶다면 부에노스아이레스나 리우데자네이루 같은 살벌한 곳보다는 몬테비데오가 낫지 않을까 싶다.

몬테비데오에서 경험해보고 싶은 또 한 가지는 카니발이다. 카니발이라고 하면 브라질 리우데자네이루에서 열린다는 이미지가 강하지만 이는 사실 중남미 전역에서 개최되는 각국의 최대 축제다. 우루과이는 중남미 국가 중에서도 성대하고 열광적이고 흥과 환상이 넘치는 카니발을 치르는 나라로 유명하다. 카니발 주간이 되면 몬테비데오 곳곳에 무대가 설치되고 관악기와 타악기가 거리를 행진하며 형형색색의 의상이 도시를 물들인다. 참고로 리우데자네이루에서 카니발을 즐길 때는 안전에 비상한 관심을 기울이는 편이 바람직하지만 몬테비데오에서는 적절한 주의 정도로 충분하다는 리뷰가 많다.

아르헨티나가 소 키우기에서 둘째가라면 서러운 나라라면, 우루과이는 아마 셋째가라면 서러운 나라일 것이다. 두 나라 모두 팜파스 특유의 목동 문화인 가우초 문화와 목동들의 음료인 마테차가 유명하며 식단이 지나치게 육식 위주인 것으로 악명이 높다. 아침부터 저녁까지 "고기! 고기! 고기!"인 식문화에는 별 관심이 없지만 몬테비데오의 메르카도델푸에르토

(Mercado del Puerto, 항구 시장)에는 가보고 싶다. 우루과이 전통 먹거리뿐만 아니라 다양한 음식을 파는 값싸고 맛 좋은 식당이 있고, 마테차를 파는 분위기 좋은 카페가 많다고 한다.

딱히 할 일이 없을 때면 시내의 플라사 인디펜덴시아(Plaza Independencia, 독립 광장)와 그 주변 골목들을 거닐어보자. 멋진 건물들로 둘러싸인 플라사 인디펜덴시아에는 간혹 나이 지긋한 커플들이 모여들어 탱고를 추며 시간을 보낸다. 탱고는 아르헨티나의 음악이자 우루과이의 음악인 것이다.

만약 데스티네이션 언노운 티켓이 나를 몬테비데오에 내려주지 않는다면 그다음 후보지로는 도미니카공화국의 산토도밍고가 좋을 것 같다. 도미니카공화국은 카리브해 히스파니올라섬에 있는 나라다. 국토 면적은 우리나라의 딱 절반 정도고 인구는 1,150만 명 정도 되는 아담한 나라다. 매년 300만 명의 미국인을 포함해 1,000만 명 가까운 여행객이 아름다운 해변과 향긋한 럼주를 찾아 이 나라를 방문한다.

지구 반대편까지 날아가 해변에서 럼주만 즐기고

있기에는 멋쩍으니 좀 더 재미있고 독특한 일들을 찾아보자. 이번에도 스포츠부터 살펴볼까 한다. 아르헨티나와 우루과이에 축구가 있다면 도미니카공화국은 야구 잘하는 나라로 유명하다. 도미니카공화국은 페드로 마르티네스와 아드리안 벨트레 같은 유명 메이저리그 선수를 다수 배출했다. 사실 오늘날 미국 메이저리그에서 미국 다음으로 많은 선수가 뛰고 있는 나라가 바로 도미니카공화국이다(비율로 따지면 메이저리그 선수의 10분의 1에 해당한다). 2013년 월드 베이스볼 클래식에서 무패 우승을 달성한 일 또한 전설적이다.

타이거즈, 라이온스, 이글스, 자이언츠, 불스, 스타스의 6개 팀으로 구성되는 도미니카공화국 야구 리그는 10월부터 1월 사이에 개최되는 겨울 리그다. 우승 횟수가 가장 많은 팀은 수도 산토도밍고를 연고로 하는 타이거즈이고 두 번째로 많은 팀은 북부 도시인 산티아고를 연고로 하는 이글스다.

도미니카공화국은 메렝게(Merengue)라는 신나는 음악의 고장이기도 하다. 흔히 카리브해의 음악이라 하면 쿠바의 여러 댄스 뮤직을 떠올리게 마련인데, 메렝게는 쿠바 음악과 비슷하지만 아프리카식 타악기 비트를 활용해 한층 흥겨운 느낌을 준다는 특징이 있다. 도미니카공화국에서 메렝게를 감상하려면 산토도밍고에 있는 음악 클럽을 방문하거나 도시 곳곳에서 요일별로 펼쳐지는 야외 공연을 졸졸 따라다니면 된다.

산토도밍고의 역사 지구는 몬테비데오의 플라사 인디펜덴시아 인근 구역처럼 멋진 옛 건물로 가득하다. 산토도밍고와 몬테비데오의 차이점이라면 산토도밍고 역사 지구 건물들에는 종종 '아메리카 최초'라는 부제가 달려 있다는 것이다. 도미니카공화국은 500년 전 서양인이 최초로 당도한 아메리카 땅이자 스페인 사람이 처음 정착한 아메리카 땅이다. 그 후로 이곳 원주민인 타이노인들은 이루 말할 수 없는 고초를 겪어야 했다. 1550년에 완공된 산토도밍고 대성당을 비롯한 역사적 건물들이 이 모든 역사를 엄숙히 증언하며 우리를 기다리고 있다.

끝으로 도미니카공화국의 자연에 대해 언급하지 않을 수 없다. 과거부터 줄곧 대규모 설탕 플랜테이션을 주력으로 삼아온 나라이기에 사실 도미니카공화국의 숲 면적은 국토 면적의 30퍼센트에 불과하다. 고유한 동식물 종도 많지 않다. 하지만 도미니카공화국의 해안선에는 곳곳에 아름다운 해변이 펼쳐져 있고 내륙에는 카리브해 최고봉인 해발 3,101미터의 두아르테산(Pico Duarte)이 솟아 있다. 캠핑과 트레킹을 사랑하는 이들은 두아르테산 주변을 꼼꼼히 탐사하는 3박 4일간의 트레킹에 도전한다.

두아르테산에서 남쪽으로 조금 떨어진 엔리키요 호수(Lago Enriquillo)는 카리브해에서 가장 큰 호수다. 이곳에는 히스파니올라섬의 토종이자 멸종 위기종인 코뿔소이구아나가 산다. 해변을 좋아한다면 산토도밍고에서 100킬로미터 정도 떨어진 카타리나섬(Isla Catalina)을 방문해보자. 해변이 아름다울 뿐만 아니라 유명한 캐리비안의 해적 가운데 한 명인 키드 선장이 버리고 간 해적선 잔해를 탐사할 수 있다.

꿈꾸는 여행 포인트

어디로 가는 것이 중요할까? 아니면 어디로든 가는 것이 중요할까? 어디로 갈지 결정하는 일은 물론 여행을 꿈꿀 때 가장 중요한 일이지만, 가끔은 이 문제를 잊고 어디로든 떠나고 싶은 방랑자의 마음을 되살릴 필요가 있다. 데스티네이션 언노운에 대한 두근거림은 역마살 낀 떠돌이가 되고 싶다는 우리의 낭만에서 비롯되는 것 아닐까?

기억과 순례

2

벽돌과 마법

요르단 페트라

앙코르와트와 타지마할, 콜로세움과 파르테논, 마추픽추와 피라미드와 만리장성. 동서양의 빛나는 문화 유적에 이끌리지 않는 여행자도 있을까? 웅장하고 아름다우며 고유한 정취를 품은 유적지들이야말로 수많은 여행 꿈을 태동시키고 각종 여행 콘텐츠의 섬네일을 독차지하는 여행의 상징이자 하이라이트다.

다만 한 가지 착각을 경계해야 한다. 문화 유적은 너무나 멋있고 아름답기에 그곳을 찾기만 하면 무조건 벅찬 감동을 얻을 수 있으리라는 착각이다. 행복한 여행을 하려면 먼저 여행 꿈을 꾸어야 하는데, 문화 유적들은 워낙 유명해서 가보지 않고도 다 아는 듯한 착각이 들다 보니 굳이 꿈꿀 필요가 없다고 생각하는 것이다. 그러나 사실은 정반대다. 문화 유적이야말로 한층 깊이 있는 여행 꿈을 필요로 한다. 여행 꿈 없이 이름값만 믿고 찾아간다면 앙코르와트는 음침한 폐허나 다름없고 만리장성은 낡고 추해 보이며 타지마할과 금각사는 졸부들의 과대망상으로 느껴질 수도 있다.

이와 반대로 먼저 필수적인 정보를 수집하고 여행을 꿈꾼 뒤에 답사하는 마음으로 찾아간다면 문화 유적은 어마어마한 위용과 거부할 수 없는 매력을 뽐낼 것이다. 이때 가장 중요하게 작용하는 정보이자 여행 꿈의 씨앗은 바로 그곳에 얽힌 이야기다.

이야기의 주인공은 역사적 인물이거나 소설 또는 영화 속 인물일 수 있으며, 한두 명일 수도 있고 집단이나 민족일 수도 있다. 단지 우리가 그들의 이야기에 몰입하여 로맨스를 느끼거나 최소한 호기심을 가질 수 있으면 된다.

이야기는 아무것도 아닌 장소(어디까지나 여행자 입장에서 그렇다는 말이다)를 특별한 목적지로 바꿀 수 있다. 튀니지의 네프타(Nefta)와 노르웨이의 핀세(Finse)라는 동네를 한번 살펴보자. 둘 다 어찌나 낯선 지명인지 이를 활자로 옮기는 것만으로도 내가 다 황망할 지경이다. 하지만 네프타와 핀세는 사실 많은 팬을 거느린 꿈의 여행지다. 두 곳 모두 영화 스타워즈 시리즈의 촬영장소이기 때문이다. 네프타는 〈스타워즈 에피소드 4-새로운 희망〉의 타투인 행성(제다이가 되기 전의 루크 스카이워커가 땅 파먹고 살던 사막 행성)이고, 핀세는 〈스타워즈 에피소드 5-제국의 역습〉의 호트 행성(루크 스카이워커가 제국군 뚜벅이 전차의 다리를 꽁꽁 묶어 쓰러뜨렸던 얼음 행성)이다. '스타워즈'의 이야기는 허구이며 영화에는 네프타와 핀세라는 이름조차 나오지 않지만 두 낯선 로케이션을 꿈의 여행지로 바꿔놓기에는 충분했다.

장소에 얽힌 이야기가 어떤 식으로 힘을 발휘하는지 확실하게 이해하기 위해 '예루살렘 증후군'이라는 현상을 살펴보자. 예루살렘 증후군이란 예루살렘을 방문하는 일부 여행자에게서 관찰할 수 있는 한 묶음의 망상 증상을 가리킨다. 매년 예루살렘을 찾는 사람 가운데 100명 정도는 자기가 성경에 등장하는 인물이라 착각하고 그에 걸맞은 성스러운 미션(전도와 순교 등)에 사로잡히게 된다. 성서 속 인물들처럼 기적을 행할 수 있다고 믿기도 한다. 증상이 심해 급히 병원 신세를 져야 하는 이들도 종종 있는데, 이 지경에 이르는 사람은 1년에 40명 정도로 집계된다.

한 가지 더욱 놀라운 사실은 이토록 심각한 망상에 빠져 허우적거리던 사람들이 예루살렘에서 벗어나기만 하면 빠르게 제정신으로 돌아온다는 것이다. 사실 예루살렘 증후군은 우리가 여행을 통해 얻을 수 있는 지고의 몰입 경험이라고 할 수 있다. 망상에 빠질 정도로 강렬한 감동이라니, 나 또한 한 번쯤 느껴보고 싶을 정도다. 예루살렘 증후군의 경우 이와 같은 감동을 선사하는 것이 성서 속 선지자들의 이야기라는 사실은 쉽게 짐작할 수 있다. 하지만 예루살렘이라는 장소의 역할은 무엇이었을까? 예루살렘은 어떤 마법을 지니고 있기에 오직 이곳에서만 예루살렘 증후군을 경험할 수 있는 것일까?

우리는 종종 문화 유적에 대한 첫인상을 "마법과 같다."라고 표현하는데, 이를 단순히 낭만 과잉의 상투적인 표현으로 치부하기는 힘들다. 유적지는 실제로 우리의 '마법적 사고'(또는 '주술적 사고')를 촉발하는 힘을 가지고 있기 때문이다.

인류가 과학적, 합리적 원리를 통해 주변 환경을 이해하고 조작하기 전에는 모든 인간이 주술을 통해 힘을 발휘하고 원하는 결과를 얻고자 했다. 주술적 사고는 크게 두 가지 원리를 가진 비합리적인 사고방식이자 권능의 행사 방법이다. 첫 번째 원리는 원하는 결과를 얻으려면 그 결과와 유사한 행동을 모방하여 반복하면 된다는 '유사성의 원리'다. 세계 각지의 기우제에서 볼 수 있는 "물을 뿌리면 비가 내릴 것이다."라는 믿음이 유사성의 원리를 대표한다. 두 번째 원리는 "누군가에게 살을 날리려면 그 사람의 머리카락이나 옷이 필요하다."라는 믿음으로 대표된다. 접촉에는 마법적 힘이 있어서 한 번 누군가와 접촉한 것은 그 사람과 똑같은 의미를 갖는다는 '접촉의 원리'다.

물론 이와 같은 두 가지 원리는 결코 바람직한 결과로 이어지지 않는다. 결과를 모방한다고 해서 원인을 초래할 수는 없는 법이고, 왕의 머리카락으로 인형을 만들어서 송곳으로 쑤셔댄다고 해서 왕이 병에 걸리지도 않을 테니 말이다. 올빼미의 눈알을 먹는다고 해서 밤눈이 좋아질 일도 없고 늑대의 심장을 먹는다고 해서 대담한 사람이 되는 것도 아니다.

그렇다면 인류는 왜 이처럼 쓸모없는 원리를 그토록 오래도록 추종한 것일까? 심지어 주술적 사고는 오늘날까지도 꾸준히 이어지고 있다. 이는 확증편향(철석같이 믿고 있으니 반증이 먹히지 않는다는 뜻이다)이나 소망적 사고(믿고 싶으니 믿는다는 뜻이다) 등 다양한 심리학 개념을 통해 설명할 수 있는 현상이다. 결론을 요약하자면 마법적 사고방식은 실제로 효과가 있어서 유지되는 것이 아니라 사람들의 마음에 들었기 때문에 유지되는 것에 가깝다.

오늘날 사람들은 좋아하는 연예인의 사인을 받아 오래도록 간직하거나 운동선수가 경기 중 착용했던 유니폼을 비싼 돈 주고 사 모으기도 한다. 아무런 과학적 효과를 갖지 않는 행동들이지만 우리는 이를 통해 마치 해당 연예인과 운동선수의 손길이나 피땀과 영원히 연결된 듯한 행복감을 누리곤 한다. 유품을 가까이 두고 쓰다듬거나 안아보는 행동 역시 떠나간 사람이나 강아지를 다시 불러오는 결과로 이어질 수 없다. 그럼에도 우리는 이와 같은 행동을 하고자 하는 강한 열망과 싸워 이겨내는 법이 없다.

우리가 역사 유적에서 마법과 같은 힘을 느끼는 것도 이와 같은 강력한 두 가지 주술적 원리가 작용하기 때문이다. 성서 속 선지자들이 만졌던 벽돌을 만지고 그들이 걸었던 길을 걷는다고 해서 기적을 행하는 무적의 선지자가 될 수는 없다. 그러나 "내가 그분들의 자취와 접촉하고 있어!"라는 느낌과 "내가 이야기 속 인물과 똑같은 곳에서 똑같은 행동을 하고 있어!"라는 느낌은 우리를 심각한 망상 속으로 걸어 들어가게 할 정도로 매력적이다.

그리하여 이제 간단히 언급할 내 꿈의 목적지는 이스라엘의 예루살렘이 아닌 요르단의 페트라다. 페트라는 우리가 흔히 알고 있는 것처럼 폭 3미터의 절벽 틈으로 서서히 모습을 드러내는 한 채의 사암 구조물이 아니라 2,000년 전까지 번성했던 나바테아 왕국의 수도 전체를 뜻한다. 우리가 페트라를 단일 건축물이라고 생각하게 된 이유와 내 페트라 꿈이 탄생한 이유는 밀접하게 관련되어 있다. 다른 이들처럼 나도 〈인디아나 존스-최후의 성전〉을 통해 페트라를 접했기 때문에 그 이름이 영화에 나온 신비로운 사암 건축물 한 채를 뜻한다고 믿고 그곳으로 여행하고 싶다는 오랜 꿈을 품게 된 것이다.

페트라가 사실 여러 가지 건물과 무덤으로 이루어진 고대 도시이며 이 가운데 일부는 세계 여러 곳의 다른 유적지들과 엇비슷한 모습을 보인다는 사실은 분명 페트라에 대한 환상을 흠집 내는 정보다. 하지만 페트라에 얽힌 이야기와 그 공간에 깃든 마법적 힘 덕분에 나는 '시크(Siq)'(앞서 언급한 3미터 폭의 진입로)와 '알카즈네(Al-Khazneh)'(사람들이 페트라 자체라고 착각하는 바로 그 사암 건축물)뿐만 아니라 페트라 구석구석을 탐험하며 감동을 누릴 수 있을 것이다. 채찍을 매고 모자를 쓰고 동료들과 말을 달려 시크를 통과할 수 있다면 더할 나위 없겠지만, 그런다고 해서 내가 무적의 모험가가 되어 성배를 발견하고 악인들을 무찌를 리 만무하니 과한 집착은 삼가련다.

꿈꾸는 여행 포인트

책을 읽고 영화를 볼 때 '이게 다 나 떠나라고 등 떠미는 마법 주문이구나.'라고 생각해보면 어떨까? 좋아하는 인물의 행적도 마찬가지다. 책과 영화와 드라마, 역사적 인물과 유명 인사를 그저 좋아하는 데 그치지 말고, 어떤 장소에서 그 주인공들과 접촉할지 한 번씩 상상해보자.

여기 잠들다

프랑스 파리

1991년, 일본인 의사 이토 히로아키가 《파리 증후군》이라는 책을 냈다. 이토는 파리의 생트-앤느 병원(Centre hospitalier Sainte-Anne)에 근무하는 의사였다. 이 병원은 프랑스 철학자 미셸 푸코가 젊은 시절 자살을 시도한 뒤 내원했고, 프랑스 철학자 루이 알튀세르가 우울증에 빠져 아내를 살해한 뒤 정신 감정을 받았으며, 할렘 르네상스의 대표 작가로 알려진 미국의 화가 보포드 딜레이니가 알코올 중독과 알츠하이머로 입원한 바 있는 유명한 정신병원이다.

생트-앤느에서 근무한 이토 히로아키 또한 정신과 의사였고 그가 다룬 파리 증후군은 일종의 정신병리 현상에 속한다. 이토는 파리에 여행 온 일본인들이 가끔 생트-앤느를 찾아온다는 사실에 의아함을 느꼈다. 우리는 어지간히 아프지 않은 이상 외국에 머무를

땐 병원은커녕 약국조차 잘 가지 않는다. 하물며 '나 지금 너무 힘드니까 여기 정신병원에 가봐야겠어.'라고 생각하거나 함께 여행하는 사람들이 '얘 지금 너무 아프니까 정신병원에 넣어야겠어.'라고 생각하는 일은 상상조차 하기 힘들다. 파리에 온 일본인들은 어떤 정신적 문제를 경험했기에 여행지에서 정신병원을 찾아가야 했을까?

이토가 관찰한 일본인 여행자들은 대략 불안 장애로 구분할 수 있는 증상을 보였다. 이들은 강하고 지속적인 불안감과 함께 사람들이 자기를 무시하고 공격하려 한다는 느낌을 받았다. 이와 함께 심장 두근거림과 식은땀, 현기증과 구토 등의 신체적 증상 또한 관찰되었다. 증상이 심할 경우 현실 감각 상실과 이인증(내가 누구인지 모호해지고 스스로가 낯설어지는 정신병리 증상)으로 이어지고 환각이 나타나기도 했다.

이토는 이와 같은 급성 정신병리의 원인이 다름 아닌 꿈과 현실의 커다란 괴리라고 생각했다. 파리는 세계 여러 나라 사람들에게 가장 낭만적으로 여겨지는 도시라고 할 수 있다. 아예 '낭만의 도시 파리'라고 불리기까지 하는 곳이니 무슨 말이 더 필요하겠는가. 우리는 파리를 예술의 도시, 사랑과 낭만이 줄줄 흐르는 센강의 도시, 수많은 위인이 활약하고 잠들어 있는 품격 높은 도시라고 생각한다. 그곳 사람들은 다들 아름다운 카페에서 커피와 케이크를 즐기며 책을 읽을 것 같고, 말은 통하지 않지만 그들과 눈빛으로 인사만 나누어도 멋질 것 같고, 그들은 모두 디자이너가 해준 듯한 옷을 빼입고 엘레강스한 향수 냄새를 풍기며 샹젤리제를 걸어 다닐 것만 같다.

파리에 감동받을 준비가 된 것도 모자라 이미 그 감동에 취해 있는 상태로 파리를 방문한다면 이제 감동과 꿈이 산산조각 날 일들과 마주할 수밖에 없다. 세계에서 경제활동이 가장 왕성한 도시 가운데 하나인 파리의 시민들이 엘레강스한 한량 짓에 매진하고 있을 리가 없고, 문화적 자부심이 강하고 성격이 드센 파리지앵이 프랑스어를 하지 못하는 외국인들에게 멋진 눈짓으로 인사를 건넬 리도 만무하다. 도심 하천인 센강은 그리 깨끗한 편이 아니어서 이곳에서 올림픽 철인 3종 경기를 펼친 선수들은 구토를 멈추지 못하거나 대장균에 감염되기도 했다. 파리를 다녀온 내 지인들 또한 지하철 역사를 비롯한 공공장소 곳곳에서 지린내가 너무 심하게 난다고 입을 모은다. 세계에서 가장 깨끗하고 안전하고 편리한 한국과 일본의 도시에 익숙한 사람이라면 더욱 견디기 힘든 모습일 수밖에 없다.

나아가 아시아인의 파리 여행은 특히 까다로울 수 있다. 수많은 여행 블로그에는 주문 늦게 받기, 음식 늦게 주기 등 식당과 카페, 상점에서 명백한 인종차별을 겪은 이야기들이 실려 있다. 횡단보도에서 신호를 기다리다가 백인 할머니한테 느닷없이 등짝을 얻어맞았다는 사람, 숙소 직원들이 자기한테는 한 번도 웃어주지 않더라는 사람, 길을 물어보려는데 다들 들은 척도 안 하고 다른 쪽만 보고 있더라는 사람 등 다양하게 마음의 상처를 받은 이가 많다.

결국 파리 증후군이란 우리가 가진 어마어마한 기대와 파리의 무지막지한 현실이 빚는 커다란 부조화에서 비롯된 불안증이라고 할 수 있다. 이미 살펴보았듯이 낭만적인 꿈은 여행의 필수 요소이지만 우리는 그 꿈이 조만간 현실과 격돌할 것임을 알고 있어야 한다. 파리 증후군은 여행 꿈이 자각몽이 되어야 한다는 사실을 여실히 보여주는 현상이다.

파리의 역사를 살펴보면 왜 이토록 많은 사람이 파리를 낭만화하는지 자연스럽게 납득할 수 있다. 특히 1800년대 후반과 1900년대 초에 걸쳐 파리는 가히 첨단의 인류 문화를 상징하는 도시였다. 파리는 교양, 문화, 학문, 지식이라는 말과 동의어로 취급되었다. 당시 세계를 식민지화하며 산업과 문화의 절정기를 누리던 유럽 각국 사람들조차 1~2년 만이라도 파리에서 살고 싶어 안달이었다.

당시 파리에서 활약했던 역사적 인물들의 면면 또한 혀를 내두를 정도다. 경이로운 예술혼이 들끓었던 당시의 파리는 세잔, 모네, 르누아르, 툴루즈 로트레크, 로댕, 마네, 고갱, 마티스 등 프랑스의 미술가뿐만 아니라 피카소, 달리, 모딜리아니, 고흐, 마그리트, 칸딘스키, 몬드리안, 뭉크, 프리다 칼로 등 각국의 예술가들이 모여들어 서로 지지고 볶으면서 무수한 예술 사조를 창시하고 역사적인 걸작을 만들어내는 도시였다. 스트라빈스키, 그리그, 라벨, 드뷔시, 생상스 등 당대 가장 혁신적인 음악가들도 파리에 기반을 두고 창작 활동을 했다.

과학과 기술 분야도 예술 분야에 뒤지지 않아서 마리 퀴리를 포함한 여러 학자가 파리에서 공부하고 연구했다. 세계 최초의 자동차 가운데 하나인 푸조 자동차가 파리의 거리를 달렸으며 당대 건축 공학의 금자탑이라고 할 수 있는 에펠탑은 이 시대에 약 40년간 '세상에서 가장 높은 건축물' 자리를 지켰다. IOC를 창설하고 올림픽을 기획한 사람도 파리 사람 피에르 쿠베르텡이고, 알프레드 노벨은 노벨상을 창시하라는 유언장을 파리에서 작성했다. 세계 최초에 속하는 영화와 애니메이션들이 창작된 곳 역시 당대의 파리다.

아무리 전성기였다고는 하지만 100년 남짓의 역사만으로 어지간한 도시들의 역사적 광채를 가볍게 뛰어넘는 이 시대의 파리는 진정 위대한 도시였다. 나아가 노트르담 대성당의 시대와 프랑스 혁명의 시대, 빅토르 위고의 시대까지 생각하면 파리에 대해 낭만적 이미지와 동경심을 갖지 않기가 더 어려워 보인다. 그러나 우리가 환상과 경외심을 갖는 파리는 최소 100년 전의 파리라는 점을 기억해야 한다. 빛나는 문화 도시이자 서양 문명의 중심지였던 '그 파리'는 이제 존재하지 않는다.

우리는 파리가 더 이상 혁명과 예술과 낭만의 도시가 아니라 다양한 인종이 모여 살며 경제활동에 죽어라 매진하고 있는 현대의 메트로폴리스 가운데 하나라는 점을 인정해야 한다. 파리는 위대한 화가와 문인과 과학자와 기술자와 패션 디자이너들이 치열한 삶을 살며 작업하다 죽어간 곳이지만 그들은 이제 각자의 유산을 남긴 채 파리 곳곳의 무덤에서 영면하고 있다. 우리가 지금 파리를 찾아 수질 나쁜 센강을 하염없이 바라본다고 한들 시간의 강물에 씻겨 내려간 그들의 존재를 체험할 방도는 없으리라.

그렇다면 본격적으로 죽은 이들을 만나러 가는 여행을 꿈꿔보는 것은 어떨까? 먼저 파리 판테온(Panthéon)을 찾아가보자. 판테온에는 루소와 볼테르가 안치되어 있고 빅토르 위고와 에밀 졸라와 알렉상드르 뒤마가 한 방에 안치되어 있다. '어린 왕자'의 꿈을 꾼 생텍쥐페리도 이곳에 있고 노벨상을 3개나 품은 마리 퀴리와 피에르 퀴리 부부도 여기에 잠들어 있다.

판테온 문턱을 넘어선 다음에는 몽파르나스 묘지(Cimetière du Montparnasse)와 페르라세즈 묘지(Cimetière du Père-Lachaise)에 들러보자. 몽파르나스 묘지는 실존주의 철학자 커플인 장 폴 사르트르와 시몬 드 보부아르의 안장지로 유명하다. 생상스와 보들레르도 여기에 묻혀 있으며 '뤼팽' 시리즈의 작가 모리스 르블랑의 묘도 이곳에 있다.

페르라세즈는 흔히 파리 최대의 무덤으로 불리는 곳으로 그만큼 많은 수의 역사적 인물이 안치되어 있다. 에디트 피아프와 짐 모리슨, 조르주 비제 등 국내외의 음악가들과 와일드, 발자크, 프루스트, 몰리에르 등의 문인을 여기에서 찾을 수 있다. 사라 베른하르트와 올리비아 드 하빌랜드 등 불멸의 배우들도 육신만은 이곳에 묻혀 있다. 흔히 "쇼팽의 심장은 죽어서 고국 폴란드로 돌아왔다."라고 하는데, 심장을 뺀 쇼팽의 육신이 묻힌 곳이 바로 페르라세즈다. 마지막으로

로댕과 고흐는 이들이 각각 숨을 거둔 장소인 파리 외곽의 뫼동 로댕 미술관(Musée Rodin Meudon)과 오베르쉬르우아즈 묘지(Cimetière Auvers-sur-Oise)에 묻혀 있다.

이렇게 많은 무덤을 어떻게 찾아다니면 좋을지 고민이 될 수도 있다. 하지만 파리 무덤 여행에 열광하는 여러 여행자와 자기네 도시에 묻힌 역사적 인물들을 소중히 여기는 파리 사람들의 정신이 합치된 결과 파리 곳곳의 무덤을 자세히 안내해주는 다양한 투어 프로그램이 준비되어 있다. 망자들의 네크로폴리스에서 길을 잃을 걱정은 잠시 접어두고, 그 만연한 죽음의 기운에 정신을 잃지 않도록 냉철한 지식과 정보를 갖추어 떠나자.

꿈꾸는 여행 포인트

자신의 여행 꿈이 너무 낭만주의에 치우친다는 느낌이 든다면 살짝 정신을 차리고 여행지에 대한 지극히 현실적인 정보를 탐색해보자. 가끔은 이런 식으로 예방 접종을 하고 여행에 나서야 할 때가 있다. 특히 대도시를 여행할 때와 유럽으로 여행할 때 지나친 낭만화를 경계하고 내 꿈에 반하는 정보들도 두루 살펴보자.

피와 땀과 황금

시스티나 예배당 & 산타마리아 델레 그라치에

스리랑카에는 시기리야(Sigiriya)라는 세계문화유산 유적지가 있다. 1,500년 전 조성된 시기리야 유적은 높이 180미터의 거대한 화강암 덩어리를 활용해 만들어진 왕궁 복합 단지다. 시기리야를 처음 방문하는 사람은 우선 짙푸른 숲속에 우뚝 솟은 시기리야 바위를 보고 "저런 데에 왕궁 만들 생각을 한 해괴한 인간이 대체 누구야?"라는 경탄을 내뱉곤 한다. 하지만 시기리야 유적의 진정한 하이라이트는 웅장한 바위의 서쪽 벽에 숨어 있는 아름다운 프레스코화다. 다양한 신분의 여성과 압사라(힌두교-불교 신화에 등장하는 여자 요정)를 그린 이 프레스코화는 원래 가로 140미터, 세로 40미터의 크기로 서쪽 벽 전체를 차지하고 있었다. 오랜 시간이 흐르며 벽화가 끝없이 훼손된 결과 오늘날에는 500명의 여성과 압사라 중 18명의 모습만 남아 있지만, 이것만으로도 그 앞에 서는 여행자의 숨을 멎게 하기 충분하다.

시기리야 프레스코 앞에서 이처럼 커다란 감동을 받는 것은, 물론 벽화가 무척 아름다운 덕이지만 그곳에서 느껴지는 강렬한 마법적 감각 때문이기도 하다. 벽화는 다른 미술 작품들에 비해 마법적 사고의 접촉 원리를 강하게 자극한다.

사실 아무리 아름다운 미술 작품을 감상한다고 해도 거기서 미술가의 땀 냄새까지 맡을 수는 없다. 작품은 미술관에 걸려 있고, 미술관은 미술가들이 땀 흘리고 물감 냄새에 휩싸여 작업했던 장소가 아니기 때문이다. 물론 회화와 조각에 담긴 작가의 손길을 눈으로 더듬을 수는 있겠지만 하염없이 아름다워 보이는 세련된 예술 작품 앞에서 이를 만들어낸 미술가의 피땀 어린 여정에 몰입하기란 쉽지 않다.

하지만 벽화는 다르다. 벽화가 그려진 곳이 바로 미술가의 공방이고 그들의 피와 땀이 어린 창작의 성소다. 첨단 장비의 보호를 받으며 미술관에 전시된 작품들 앞에서 우리는 자기의 삶을 돌아보게 되지만 벽화 앞에서는 작가의 인생과 창작의 일상을 상상하게 된다.

나는 시기리야 벽화의 감동을 기억하며 여러 벽화에 대한 꿈을 꾸고 있다. 첫 번째로 꿈꾸는 것은 시기리야 벽화와 놀라울 정도로 유사한 인도 아잔타 유적의 벽화다. 이곳에 대해서는 3장의 '반드시 그리하리라' 편에서 자세히 다룰 예정이니 여기서는 두 번째 꿈인 바티칸시국의 시스티나 예배당(Cappella Sistina)으로 넘어가 보자.

겉으로 보기에 낡은 창고 건물로 보이기도 하는 시스티나 예배당은 자타 공인 세계에서 가장 중요한 문화유산 가운데 하나다. 교황과 가톨릭교회에 봉헌된, 세상에서 가장 작은 나라 바티칸시국에는 흔히 '교황청 건물' 하면 떠올리게 마련인 성 베드로 성당 곁에 사도궁(Palazzo Apostolico)이라 불리는 교황의 관저 복합 건물이 있다. 오늘날 주로 미술관으로 활용되는 사도궁 중 교황의 예배당 삼아 건축된 곳이 바로 시스티나 예배당이다. 시스티나 예배당은 추기경들이 모여 교황을 선출하는 콘클라베가 열리는 장소로도 유명하지만, 무엇보다 이탈리아 르네상스의 유명 미술가들이 총동원되어 장식한 예배당 내벽과 천장의 문화적 가치 덕에 널리 알려져 있다.

특히 시스티나 예배당은 역사상 가장 위대한 미술가 중 한 사람인 미켈란젤로가 피와 땀을 쏟아부어 창조한 영원의 아틀리에다. 미켈란젤로는 〈아담의 창조〉로 유명한 시스티나 천장화를 5년에 걸쳐 그렸고, 그로부터 30년 뒤에 다시 6년에 걸쳐 제단 벽에 〈최후의 심판〉을 그렸다. 그가 10년 넘는 세월 동안 이곳에 펼쳐놓은 마법의 결계는 아무리 많은 관광객이 들락거려도 허물어지지 않는 힘을 지니고 있다.

시스티나 예배당에서 미켈란젤로는 고된 작업으로 인한 육체적 고통과 함께 흔히 '창작의 고통'이라고 불리는 정신적 스트레스를 견뎌야 했다. 우리 눈에는 미켈란젤로의 모든 작품이 하나같이 대단해 보이지만 정작 그걸 그리는 미켈란젤로의 눈에는 성에 차지 않았다는 뜻이다. 미켈란젤로가 작업을 하며 어떤 괴로움을 견디고 얼마나 큰 열정을 바쳤는지는 그가 남긴 시에 잘 드러나 있다.

나의 수염은 하늘을 향하고

나의 목덜미는 처져서 척추에 박혔다네.

나의 가슴뼈는 하프처럼 눈에 띄게 부풀어 올랐고

천장에 발랐던 진하고 묽은 안료가 방울방울 떨어져

나의 얼굴을 꾸며 주고 있다네.

나의 가랑이는 마치 피스톤처럼 배를 압박하고

나의 엉덩이는 안장처럼 내 체중을 견디고 있다네.

나의 발은 갈 곳을 몰라 우왕좌왕하고

나는 활처럼 옆으로 잔뜩 뻗어 있다네.

어서 와 주게, 조반니,

나의 그림과 명예를 살려 주게.

내 형편이 말이 아니고 그림도 엉망이라네.

- 미켈란젤로, 〈시스티나 예배당 그림을 그리면서〉 (이희재가 옮긴 자크 바전의 《새벽에서 황혼까지》에서 재인용)

이제 벽화 창작 분야에서 미켈란젤로보다 20년 이상 선배라고 할 수 있는 레오나르도 다빈치 이야기를 해보자. 미켈란젤로가 시스티나 예배당 천장에 붓을 대기 10년 전에 다빈치는 밀라노의 산타마리아 델레 그라치에 성당(Chiesa di Santa Maria delle Grazie)에 〈최후의 만찬〉을 그렸다. 〈최후의 만찬〉이 겪은 역사는 예술가가 피와 땀을 쏟아부어 완성한 작품에 왜 '불멸'이라는 수식어가 붙는지 가르쳐준다.

레오나르도 다빈치는 밀라노 공국의 군주였던 루도비코 스포르차의 의뢰로 〈최후의 만찬〉을 그렸다. 스포르차는 아직 건설 중이던 산타마리아 델레 그라치에 성당의 설계를 변경해 가문의 영묘를 추가하고자 했고, 영묘의 벽을 밀라노 출신의 유명 화가인 지오반니 도나토와 이탈리아 전역에 명성이 자자했던 레오나르도 다빈치의 그림으로 장식하려고 했다.

그런데 끝없는 내우외환에 시달린 당대 이탈리아 도시국가들의 군주가 다 그랬듯이 루도비코 스포르차 또한 자신의 권력이 언제 갑작스럽게 마감될지 알지 못했다. 한마디로 그는 영묘의 공사를 무척 서둘렀다. 무슨 공사든 서두르면 반드시 부실 공사가 되는 법 아니겠는가. 안타깝게도 〈최후의 만찬〉이 들어가야 할 벽면은 벽화에 적합하지 않은 축축한 벽이 되어버렸다. 이는 〈최후의 만찬〉이 겪을 오랜 고난의 서막이었다.

설상가상으로 다빈치는 보존이 쉬운 프레스코화 기법이 아닌 에그 템페라 기법을 채택했다. 프레스코화는 오래가는 대신 빨리 그려야 하는데, 이는 느리게 작업하며 중간중간 많은 연구와 실험을 하는 다빈치의 호흡과 맞지 않았다. 또한 다빈치는 당시 광원의 효과에 천착했기에 이를 더 강렬하게 살릴 수 있는 에그 템페라 기법에 마음이 기울었다. 달걀노른자를 재료로 쓰는 에그 템페라는 습기에 취약하고 그림이 훼손되기 쉽다. 독재 군주의 조바심과 거장 미술가의 고집이 만난 결과 〈최후의 심판〉은 완성된 직후부터 망가지기 시작했다고 전해진다.

스포르차의 권력이 무너진 이후 사람들은 〈최후의 만찬〉이 그려진 영묘를 성당 식당으로 전용하게 된다(〈최후의 만찬〉이 그려진 방을 성당 식당으로 쓰지 않으면 뭘로 쓴다는 말인가). 식당으로 쓰기 위해서였는지 혹은 그림이 이미 엉망진창이어서 그랬는지는 몰라도, 사람들은 벽화 중앙에 그려진 예수의 발을 잘라내고 그 자리에 아치형 출입문을 만들었다. 이 문은 후에 폐쇄되지만 오늘날에도 예수의 발 부분에는 출입문 아치가 떡 하니 남아 감상자들을 아연하게 만들고 있다.

다시 많은 시간이 흘러 프랑스혁명이 발생했을 때 이미 너덜너덜해진 〈최후의 만찬〉은 더한 모욕을 당했다. 밀라노에 진입한 프랑스 국민혁명군은 가톨릭교회에 대한 반감을 〈최후의 만찬〉 속 사도들의 눈을 파내는 등 벽화를 훼손하는 행위로 표출했다. 요즘도 자기네 문명에 반감이 심한 서양의 극단주의 환경운동가들은 유명한 미술 작품에 페인트를 뿌리거나 수프를 끼얹곤 한다. 다빈치며 고흐 등의 작품이 서양 문명의 가장 빛나는 성취이자 상징임을 잘 알고 있기에 이를 공격 대상으로 삼는 것이다(요즘은 그림에 첨단 보호 장치가 되어 있어서 중대한 피해가 발생하지는 않지만, 노골적인 반달리즘을 표방한 이와 같은 행동은 환경운동에 대한 여론을 급격히 악화시켰다). 프랑스혁명군 또한 〈최후의 만찬〉을 공격하며 혁명의 열기를 고취하고자 했는데, 당시에는 〈최후의 만찬〉을 반달리즘의 돌팔매로부터 보호해줄 첨단 장치가 존재하지 않았다. 그리고 프랑스혁명으로부터 다시 100년 넘는 세월이 흐른 뒤 밀라노가 2차 세계대전의 전장이 되었을 때, 산타마리아 델레 그라치에는 연합군의 폭격을 받고 대파되고야 만다.

이 모든 역경에도 불구하고 〈최후의 만찬〉은 오늘날 수많은 감상자 앞에서 찬란한 빛을 발하고 있다. 이는 20세기에 들어 진행된 복원 작업의 결과이기도 하지만 무엇보다 레오나르도 다빈치가 단순한 그림 이상의 것을 그곳에 남겼기 때문에 가능했던 일이다. 흔히 우리가 창조적 예술혼이라고 부르는 작가의 열정과 인내, 숙고의 시간들, 역사적 아이디어와 스타일은 작품이 훼손되거나 변경된다고 해서 사라지지 않는다. 역경의 역사를 헤쳐 나가며 오히려 그 빛을 더해간다. 예술가들이 피와 땀으로 이룩해낸 진정 소중한 것들은 오직 우리의 정신이 타락해 예술을 향유할 수 없게 되었을 때에만 소실될 수 있다. 우리의 여행이 언제 어디서든 미술이 주는 커다란 감동으로 넘쳐흐르는 것은 이 때문이다.

꿈꾸는 여행 포인트

요즘은 위대한 미술 작품들이 이사를 너무 열심히 다닌다. 한국에 가만히 앉아 있어도 세계적인 작품이 우리 미술관을 방문해주니 반갑기야 하지만 한편으로는 예술 작품이 창작된 장소로부터 분리되어 TV나 휴대폰처럼 바다 건너로 팔려 다닌다는 느낌을 지울 수 없다. 좋아하는 작품이 어디에 전시되어 있는지, 다른 장소로 옮겨갈 예정은 없는지 잘 살피며 미술 여행 꿈을 키우도록 하자.

반려견을 그리며

영국 허더즈필드 & 일본 후지큐 하이랜드

잉글랜드 축구 프리미어리그를 좋아하는 사람은 허더즈필드 타운 AFC라는 이름을 들어보았을지도 모른다. Fortis et Fidelis, 즉 '강하고 믿음직하게'를 모토로 하는 허더즈필드 타운 AFC는 비교적 최근 프리미어리그에서 활약했다가 현재 3부 리그까지 내려가 있다. 역사적으로도 1부 리그에서 보낸 시간보다 하위 리그에서 보낸 시간이 훨씬 길기에 외국인이 딱히 알아야 할 이유도 좋아할 이유도 없는 팀이라고 할 수 있다. 만약 당신이 이상한 부분에 꽂히지만 않는다면.

허더즈필드 타운 AFC의 엠블럼을 살펴보면 내가 말하는 이상한 부분이 무엇인지 알 수 있다. 엠블럼 맨 아래에는 'HUDDERSFIELD TOWN'이라는 팀 이름이 박혀 있고, 그 위에 창단 연도인 1908이라는 숫자와 함께 허더즈필드의 대표적 역사 건물이라고 할 수 있는 캐슬 힐의 모습이 묘사된 방패가 올려져 있다. 1923년부터 3년 연속으로 1부 리그 우승을 차지한 적이 있기에 방패에는 이를 상징하는 3개의 별이 수놓여 있고, 허더즈필드가 요크셔에 있기 때문에 요크셔 백장미도 그려져 있다. 방패 위쪽으로는 웨스트요크셔 지방의 엠블럼에서 따온 철 투구와 화환 장식이 얹혀 있다. 그리고 이 화사한 화환과 튼튼한 투구 위에 한 발로 노란색 공을 짚고 서 있는 진정 강하고 믿음직한(또는 드세고 고집스러운) 짐승이 있다. 그 짐승이 바로 요크셔테리어다.

허더즈필드 타운 AFC는 약 50년 전에 '테리어스'라는 별칭을 획득하고 이때부터 엠블럼에 요크셔테리어를 그려 넣었다고 한다. 요크셔테리어는 포메라니안(포메라니아), 달마티안(달마티아), 버니즈 마운틴 독(베른), 그레이트 피레니즈(피레네산맥), 아키타견(아키타), 진돗개(진도)처럼 이름에 유래 지방이 명시된 견종이다. 요크셔테리어 왕조는 19세기 말 영국 요크셔 지방에서 개창되었는데, 특히 허더즈필드에서 탄생한 허더즈필드 벤(Huddersfield Ben)이라는 수컷 개가 '요크셔테리어의 아빠'로 알려져 있다. 이 녀석의 피가 섞이거나 이 녀석과 최대한 유사한 특성을 보이는 개를 요크셔테리어라 부르게 되었다는 뜻이다. 허더즈필드 타운 AFC가 테리어스로 자칭하고 엠블럼 꼭대기에 늠름한 요크셔테리어의 모습을 그려 넣은 것도 어찌 보면 당연한 일이다.

그렇다면 허더즈필드는 과연 요크셔테리어 마니아의 순례지가 될 만한 곳일까? 글쎄, 어지간히 콩깍지가 씌지 않고는 어려울 듯하다. 허더즈필드는 영국 산업혁명기에 섬유 공장이 들어서며 전성기를 맞았던 도시다. 이때 형성된 '제조업 중심의 강소 도시'라는 정체성은 영국 섬유 산업이 크게 쇠퇴한 오늘날까지 끈끈하게 이어지고 있다. 제조업 종사자들이 쥐잡이 개를 원했기에 요크셔테리어가 탄생할 수 있었다고 하니 요크셔테리어를 사랑하는 사람으로서 이곳 허더즈필드의 역사에 불만을 가질 수는 없다. 그렇지만 허더즈필드가 여행자들이 즐길 만한 깊이 있는 이야기와 문화를 지닌 도시가 아님은 분명하다.

하지만 기대를 낮추고 소소한 의미에 집중하면 콩

깍지가 힘을 발휘할 수 있다. 이를테면 나는 요크셔테리어가 어떤 날씨에서 탄생했는지 궁금하다. 여름이 없는 도시 허더즈필드에 가본다면 왜 요크셔테리어의 털이 그토록 부드럽고 찰랑찰랑한지 이해할 수 있지 않을까? 혹은 '이런 추운 곳에서 탄생한 녀석들이 어떻게 그리도 추위를 많이 타지?'와 같은 새로운 의문을 얻게 될지도 모른다.

테리어스의 축구 경기를 관람해보는 것도 재미있을 것 같다. 허더즈필드의 인구는 15만 명이 채 되지 않지만 허더즈필드 타운 AFC의 홈구장 수용 인원은 2만 4,000명이 넘는다. 중요한 경기가 열려 관중석이 만석이 된다면 흥미롭게도 동네 사람 약 6분의 1을 한 공간에서 만날 수 있다는 이야기다. 이곳 사람들 성정이 어떤지는 잘 모르겠지만 고장 축구팀을 함께 응원하고 허더즈필드 벤에 대한 이야기를 나누기에 부족함이 없지 않을까 싶다.

반려견과 관련된 꿈의 여행 목적지는 가까운 일본에도 있다. 후지큐 하이랜드(Fuji-Q Highland)다. 후지큐 하이랜드는 이름 그대로 후지산 곁에 자리 잡은 테마파크다. 후지산은 일본 문화적 정체성의 핵심을 이루는 자연물이자 정신적 표상이다(유네스코에서 후지산을 자연유산이 아니라 문화유산으로 등재했을 정도로 이곳이 갖는 문화적 의미는 크다). 후지산 주위에는 후지산을 빙 도는 도로가 있고 후지큐 하이랜드는 이 도로에 면해 있다. 자연히 각종 놀이기구를 이용할 때 후지산의 기품과 위용을 만끽할 수 있어 일본인들에게 인기가 높다.

특히 후지야마(후지산)와 다카비샤(높이 나는 차)라는 이름의 두 롤러코스터가 후지큐 하이랜드의 명물로 손꼽힌다. 전통 스타일의 철제 롤러코스터인 후지야마는 시작 지점과 수평 턴 지점 등 차량이 가장 높은 곳에서 가장 느리게 움직일 때 후지산의 압도적인 모습을 눈에 새길 수 있도록 설계되어 있다. 반면 다카비샤는 유로 파이터라고 불리는 독특한 양식의 롤러코스터로 중간에 버티컬 90도로 차량을 끌어 올린 뒤 버티컬 120도로 떨어뜨리는 버티컬 R자 구간을 특징으로 한다. 다카비샤는 R자의 꼭대기에 올라갔을 때 차량이 잠깐 멈춘다. 이때 처절한 추락에 대한 공포를 감당할 수만 있다면 역시 후지산의 장엄한 모습을 마음껏 감상할 수 있다.

나는 롤러코스터를 타고 후지산을 감상하기보다는 일본의 대중목욕탕에서 후지산 그림을 감상하는 꿈을 가진 사람이라서 후지야마와 다카비샤에 그다지 큰 매력을 느끼지 못한다. 그럼에도 내가 후지큐 하이랜드를 가려고 하는 것은 이곳이 반려견과 함께 입장할 수 있는 테마파크로 유명하기 때문이다.

기본적으로 키 50센티미터 이하의 개는 모두 후지큐 하이랜드 출입이 가능하다. 이는 일반적으로 중형견과 대형견을 구분하는 기준이 되는 선이다. 콜리와 셰퍼드, 리트리버는 대부분 선키가 50센티미터 이상이므로 입장이 불가하고 웰시코기나 슈나우저 정도는 되어야 입장할 수 있다. 꼬맹이 요크셔테리어나 포메라니안 등은 드나드는 데 아무 문제가 없다.

그렇지만 이 작은 녀석들조차 실내 놀이기구는 이용할 수 없다. 이곳에는 세계 최대 규모의 귀신의 집 (소요 시간 50분)인 '전율미궁-지큐종합병원'이 있지만 여기에 개를 데리고 들어갔다가 경기 들리게 하는 일은 원천적으로 불가능하다는 뜻이다. 또한 개와 함께 후지야마와 다카비샤를 탈 수도 없고 개 목줄을 풀어 놓고 "네가 알아서 한 바퀴 돌고 와!"라고 해도 안 된다.

대신 반려견을 데리고 꼭 가야 할 곳은 '가스파르와 리사 마을'이다. 가스파르와 리사는 프랑스의 안느 구트망(Anne Gutman)과 게오르그 할렌스레벤(Georg Hallensleben) 부부가 창조한 귀엽고 사랑스러운 개 캐릭터다. 우리나라에도 잘 알려져 있는 가스파르와 리사 시리즈는 일본에서 오랜 세월 큰 인기를 얻고 있어서 후지큐 하이랜드의 한쪽 테마를 담당하게 되었다.

가스파르와 리사 마을은 온통 가스파르와 리사투성이다. 가스파르와 리사가 원래 파리에 사는 개들이라 마을 전체가 예쁘장한 프랑스풍으로 꾸며져 있다. 프랑스풍 카페 앞에 가스파르와 리사가 죽치고 앉아 있고 프랑스풍 핫도그 가게 옆에는 가스파르와 리사가 핫도그 광고를 하고 있다.

가스파르와 리사 마을의 하이라이트는 단연 '에펠탑 회전목마'가 아닐까? 조그만 에펠탑이 서 있는 작은 정원을 지나면 가스파르와 리사가 타고 있는 2층짜리 회전목마가 나온다. 그리고 이 회전목마는 반려견과 함께 탈 수 있다. 반려견과 가스파르와 리사와 함께 회전목마를 타다니, 그건 또 어떤 종류의 행복일까?

지금으로서는 내가 가스파르와 리사 마을을 행복하게 즐기는 모습을 상상하기 힘들다. 아마 가스파르와 리사가 인사하고 있는 마을 입구에 멈춰 서서 더 이상 발을 들이지 못할 것 같다. 하지만 언젠가는 가스파르와 리사와 함께 예쁘장한 프랑스풍 벤치에 앉아 떠나간 우리 강아지들과의 행복한 추억을 돌이켜보며 흐뭇한 미소를 짓는 날이 오지 않을까? 혹은 내가 지금의 슬픔을 이겨내고 언젠가 늠름하고 귀여운 요크셔테리어를 다시 키우게 된다면 이곳에서 함께 회전목마를 타며 그 행복이 어떤 것인지 확인할 수 있지 않을까?

꿈꾸는 여행 포인트

마음을 다해 사랑하고 모든 시간을 추억으로 간직하자. 마침내 슬픔이 찾아왔을 때는 그 사랑과 추억을 떠올리며 오랜 시간 생각에 잠길 수 있는 장소를 찾아보자. 이 슬픔은 쉽게 떨칠 방법이 없고 그럴 필요도 없는 것이니 조바심 내지 말자.

그리고 아무도 없었다

튀르키예 카르스 & 영국 버아일랜드 호텔

이야기에는 마법이 깃들어 있기에 우리는 소설을 통해 여행을 꿈꾸곤 한다. 나의 소설 여행 꿈에는 몇 가지가 있는데, 여기서는 그중 소설을 읽지 않았다면 여행 갈 생각 따위 결코 들지 않았을 곳들을 다루고자 한다. 여행을 부르는 소설의 힘과 우리의 꿈꾸는 능력을 잘 보여주는 사례들이 아닐까 생각한다.

먼저 튀르키예의 카르스(Kars)로 떠나보자. 카르스는 튀르키예 동부 아르메니아 국경 지역에 있는 인구 10만의 작은 도시다. 튀르키예의 중심지인 서부 이스탄불 쪽과는 아나톨리아 고원을 사이에 두고 1,000킬로미터 넘게 떨어져 있는 데다가 항구가 없는 내륙 도시여서 가히 튀르키예의 으뜸가는 오지라고 부를 만한 곳이다. 가만히 놔둔다면 세상 사람 대다수가 죽는 날까지 이름 한 번 들어볼 일 없는 장소다.

그러나 튀르키예의 노벨상 수상 작가인 오르한 파묵은 오히려 이와 같은 카르스의 입지를 활용해 《눈》이라는 아름다운 소설을 썼다. 소설의 주인공 카는 정치적인 이유로 독일에서 10년 넘게 망명 생활을 한 시인이다. 어머니의 부음을 듣고 튀르키예로 돌아온 것을 계기로 그는 카르스에서 들려오는 이상한 소문을 조사하고자 그곳으로 향한다.

카르스는 튀르키예어로 눈을 뜻하는 '카르(Kar)'와 발음이 유사한 곳일 뿐만 아니라 실제로 튀르키예에서 눈이 가장 많이 내리는 곳이기도 하다. 카가 카르스에 들어서자 곧 눈이 도시를 가두고 그곳의 모든 이를 애착과 질시, 국가와 종교, 삶과 죽음 사이의 갈등으로 밀어 넣는다. 이들은 결국 그 불가능한 균형 잡기에 실패하여 비극적 결말에 이르지만, 훗날 카의 행적을 알아내려고 카르스를 찾은 그의 친구(이 소설의 화자)를 환대하고 축복함으로써 우리가 결국 서로의 갈등과 모순을 감싸안을 수 있다는 희망을 선사한다.

이스탄불에서 카르스로 여행하려면 비행기를 타는 게 아닌 이상 장시간의 버스나 기차 여행을 해야 한다. 이스탄불에서 아침 8시에 출발하는 기차는 카르스에 다음 날 아침 8시에 도착한다. 버스를 탈 경우에는 반드시 에르주룸(Erzurum)을 거쳐야 하는데, 소설에서 이 여정은 다음과 같이 묘사된다.

> 그는 에르주룸에서 가까스로 카르스행 버스에 올라탔다. 이스탄불에서 시작된 버스 여행은 이틀 동안 계속된 눈보라를 뚫고, 중간 기착지인 에르주룸 버스 터미널에 그를 데려다 놓았다. 손에 가방을 든 채, 지저분하고 질퍽질퍽한 복도에서 카르스행 버스가 어디에서 출발하는지 알아보는데, 누군가가 그곳으로 향하는 버스가 곧 출발하려 한다고 일러주었다.

내가 카르스를 찾아 눈 속에 갇힌다고 해서 소설 속의 카가 그랬던 것처럼 가슴 깊은 곳에 묻었던 여인과 재회하거나 이슬람 근본주의자와 교감하다가 배신하거나 역사책에 기록될 만한 사건을 촉발할 수는 없을 것이다. 하지만 나 또한 아늑함과 질식감을 동시에 느끼게 하는 눈 속 카르스에서 나의 과거와 직면하고 내 모든 수치심과 맞설 수 있지 않을까.

카르스에 이어서 떠나볼 영국 데번(Devon) 지방의 버아일랜드 호텔(Burgh Island Hotel) 역시 비슷한 성격을 가진 꿈의 목적지다. 영국은 역사적으로 많은 소설가와 시인, 극작가를 배출한 나라이기에 문학 작품과 관련된 장소가 많다. 호그와트 마법학교의 입지 조건이 궁금하면 스코틀랜드 하이랜드에 가고, 로빈 후드의 바이브를 느끼고 싶다면 노팅엄의 셔우드 숲(Sherwood Forest)을 찾아가면 된다. 셰익스피어와 디킨스의 자취를 따르려면 런던에 가고, 워즈워스의 시와 피터 래빗을 좋아하거나 〈28일 후〉의 포스트 아포칼립스 은신처에서 몽환에 잠기고 싶다면 레이크 디스트릭트(Lake District)에 가면 된다.

이와 같은 영국의 여러 문학 여행지 중 데번은 약간 특이한 성격을 띤다. 런던과 레이크 디스트릭트, 스코틀랜드 하이랜드 등은 사실 문학이나 영화가 아니더라도 여러 매력을 가지고 있어서 많은 여행자가 꿈을 품는 곳이지만 데번은 그렇지 않다.

데번은 남서반도(South West Peninsula)라는 밋밋한 이름과 역사를 지닌 잉글랜드 시골 지역의 일부다. 우리가 데번에 대해 이야기를 들을 만한 경우는 내 생각에 딱 두 가지밖에 없다. 첫째는 양서류가 처음 등장했던 4억 년 전 데본기(Devonian Period)에 대해 알아볼 때다. 데번에서 발견된 화석으로부터 데본기라는 이름이 유래했으니 데본기를 들으면 데번을 들은 것과 비슷한 것으로 칠 수 있다. 요즘도 남서반도 해변에는 화석 사냥에 나서는 사람들이 있으며, 존 파울즈의 소설 《프랑스 중위의 여자》에는 19세기에 이쪽 지역에서 일었던 화석 사냥 붐이 재미나게 묘사되어 있다.

우리가 데번이라는 지명을 접할 수 있는 두 번째 경우는 바로 애거사 크리스티에 대해 이야기할 때다. 추리소설의 여왕인 애거사 크리스티는 데번의 토키(Torquay)에서 태어났고, 토키뿐만 아니라 데번 곳곳을 배경으로 많은 작품을 남겼다. 토키는 오늘날 애거사 크리스티 축제를 비롯해 크리스티와 관련된 다양한 행사와 그녀에게 헌정된 여러 관광지를 경험할 수 있는 장소다. 애거사 크리스티는 첫 번째 소설인 《스타일스 저택의 괴사건》에서 스트리크닌이라는 독극물로 사람을 죽인 것을 시작으로 니코틴이나 청산가리 등 14종 이상의 독극물로 무수한 소설 속 인물을 살해한 '독약의 여왕'이다. 그래서 토키의 토르 수도원(Torre Abbey)에는 애거사 크리스티 소설에 나오는 독초들을 모은 정원이 있다고 한다. 이 무시무시한 정원을 포함해 크리스티 관련 장소를 모은 '애거사 크리스티의 특별한 삶 투어' 등 다양한 투어 상품이 준비되어 있다.

내가 꼭 방문하고 싶은 애거사 크리스티 로케이션은 토키에서 조금 떨어진 버아일랜드라는 섬이다. 버아일랜드와 그곳의 버아일랜드 호텔은 애거사 크리스티에게 특별한 영감을 주었던 모양이다. 작가는 섬과 호텔을 《그리고 아무도 없었다》의 환상적인 무대로 삼고, 에르퀼 푸아로의 휴양지이자 《백주의 악마》의 로케이션으로 삼아 미스터리 소설의 역사로 만들었다.

《그리고 아무도 없었다》에서는 버아일랜드가 검은색 바위로 이루어진 섬으로 묘사되며, 그 모습이 흑인을 닮았다고 하여 '니거섬'(검둥이섬)이라고 불렸다

(출간된 지 80년 가까이 되는 소설이기에 가끔 충격적인 소재나 은유가 등장한다). 소설은 10명의 인물이 교묘한 초대를 받아 섬에 모이며 시작된다. 이들이 묵는 방에는 크롬 액자에 넣은 〈열 꼬마 검둥이〉라는 옛 자장가가 걸려 있다. 그리고 자장가의 내용에 따라 10명의 인물이 한 명 한 명 죽어나간다.

애거사 크리스티의 소설은 살인을 향한 충동보다는 죽음을 향한 충동이 강조되는 특징을 보인다.《그리고 아무도 없었다》또한 살인자의 비뚤어진 심리를 묘사하기보다는 모든 인물과 독자가 함께 심연으로 침잠하는 소설이라고 할 수 있다. 이를테면 첫 번째 희생자가 나온 뒤 등장인물 중 한 사람은 범인을 찾거나 자기를 보호하기 위해 노력하지 않고 느닷없이 가장 죄스러운 과거를 회상하며 다음과 같은 생각에 빠진다.

섬이 가진 가장 큰 장점은 이곳에 오면, 더 이상 나아갈 수 없다는 데 있지……. 끝에 이른 셈이니까…….

버아일랜드 호텔에 가보기 전에는 무엇이 크리스티 소설 특유의 정신 아득해지는 감각을 낳는 것인지 결코 알 수 없으리라. 작가가 썼듯이 "섬에는 마법적인 무엇인가가 있다. 섬이라는 단어만 들어도 환상적인 느낌에 잠기지 않는가. 섬에 오면 세상과 이어지는 끈을 놓게 된다. 섬은 그 자체로 하나의 세계. 그 세계에서 다시는 나갈 수 없을지도 모른다."

하지만 내게는 이 섬의 환상에서 적절한 시기에 깨어날 수 있을 거라는 확신이 있다. 오늘날 버아일랜드 호텔의 객실 가격은 70만 원 선으로 내가 지금까지 묵었던 어떤 숙소보다 비싸다. 크리스티의 작품 세계가 조금 이해된다 싶으면 냉큼 짐을 싸서 빠져나오는 수밖에 없을 것이다!

꿈꾸는 여행 포인트

문학 작품을 좋아하게 되면 작품의 배경이 되는 장소에 가보고 싶어진다. 작품을 통해 마치 그곳을 여행한 듯한 감각을 얻고 난데없는 그리움과 동경에 휩싸이기 때문이다. 나아가 문학 작품은 특정한 장소의 밝은 면과 어두운 면을 모두 조명하는 경향이 있어서 여행지를 깊이 이해하게 해준다.

음악은 여행을 부른다

뉴질랜드 로토루아 호수

음악은 여행을 부른다. 버스커 버스커의 〈여수 밤바다〉가 지난 10여 년간 얼마나 많은 사람을 전라도 바다로 이끌었던가. 비틀스의 〈스트로베리 필즈 포에버〉와 〈페니 레인〉 덕에 지난 수십 년간 영국 리버풀의 스트로베리 필드와 페니 레인을 찾은 사람은 또 얼마나 많은가. 강남대로의 말춤 조형물 앞에서 파안대소하며 사진 찍는 이들을 우리는 얼마나 자주 보는가.

역사적 이야기나 위인의 행적, 소설과 영화 속 스토리 등 우리의 여행 꿈을 촉발하는 여러 요인과 마찬가지로 음악은 대체로 어떤 장소를 과하게 낭만화하는 경향이 있다. 이 때문에 우리는 종종 여수와 스트로베리 필드와 페니 레인과 강남대로에서 꿈과 낭만의 붕괴를 경험한다. 〈더 걸 프롬 이파네마(The Girl from Ipanema)〉에 등장하는 이파네마 해변이 보사노바 리듬에 감싸인 아늑한 해변이 아니라 인파로 바글거리는 도시형 해변이라는 사실에 충격을 받거나, 호텔 캘리포니아가 사실 가상의 장소이며 뉴욕의 코파카바나 바는 문을 닫았다는 사실(〈코파카바나〉가 1970년대 노래니 그럴 만하다)에 배신감을 느낄 수도 있다.

생각해보면 어린 시절에는 음악에서 비롯된 여행 꿈을 훨씬 많이 가지고 있었던 것 같다. 하지만 살면서 자꾸 꿈을 깨뜨리는 정보를 접하다 보니 스트로베리 필드와 페니 레인과 이파네마에 대한 꿈은 오래전에 잃어버리고 말았다. 한때는 로베르트 슈만의 교향곡 3번 〈라인〉을 듣고 라인강을 꿈꾸었고 베드르지흐 스메타나의 〈블타바〉를 들으며 체코를 그리기도 했지만, 이제는 200년 전 음악을 들으면서 유럽을 낭만화하는 일 따위 하지 않게 되었다.

그러나 음악을 사랑하는 모든 이의 마음속에서 노래와 현실 사이의 모순은 적당히 무마되거나 나름의 방식으로 해결되어 새로운 여행 꿈을 낳곤 한다. 내게도 이런 융화의 과정을 거쳐 탄생한 뉴질랜드 북섬의 로토루아(Rotorua) 호수에 대한 노래 여행 꿈이 있다.

로토루아 호수는 뉴질랜드 마오리족 민요인 〈포카레카레 아나(Pōkarekare Ana)〉와 관련된 장소다. 우리나라에는 〈연가〉라는 제목으로 다음과 같이 번안된 유명한 곡이다.

> 비바람이 치던 바다
> 잔잔해져 오면
> 오늘 그대 오시려나
> 저 바다 건너서
>
> (후렴)
>
> 그대만을 기다리리
> 내 사랑 영원히 기다리리

번안된 가사만 보면 뉴질랜드의 어떤 동네와도 관련이 없어 보이지만 마오리 원어 가사에는 뉴질랜드 지명이 등장한다. 재미있는 점은 곡이 민요인 만큼 시대와 지역에 따라 첫 소절에 등장하는 지명이 달라진다는 것이다. 먼저 가장 널리 알려진 판본에는 와이아푸(Waiapu)라는 지명이 등장한다.

> 와이아푸에 이는 거센 물결
> 그대 건너온다면 잔잔해지겠네
> 돌아오라 내 사랑
> 이 사랑으로 나는 죽음도 두렵지 않다네

와이아푸는 뉴질랜드 북섬의 북동부 해안에 있는 마오리족의 신성한 땅 이름이다. 반면 이보다 덜 유명한 버전에서는 '와이아푸'가 '로토루아'로 변한다. 로토루아는 뉴질랜드 북섬 내륙에 있는 칼데라 호수이며, 마오리족의 유명한 설화인 히네모아(Hinemoa)와 투타네카이(Tūtānekai)의 사랑 이야기가 깃든 장소다.

로토루아 호숫가에 살던 히네모아의 부족(히네모아는 족장의 딸이었다)과 호수 가운데 섬에 살던 투타네카이의 부족(투타네카이는 족장의 아들이었다)은 서로 앙숙이었다. 히네모아와 투타네카이가 사랑에 빠진 것을 깨달은 히네모아의 아버지는 딸이 절대 투타네카이를 만

나러 가지 못하도록 호숫가의 카누를 모두 육지에 묶어버렸다고 한다. 하지만 마오리족이 어떤 사람들인가. 카타마란(선체 2개짜리 배. 오늘날 각종 요트와 배의 설계에 응용된다)이라는 고유한 배와 독특한 항해술을 이용해 드넓은 태평양을 개척한 바닷사람 폴리네시아인 아니던가. 히네모아는 비바람이 몰아치는 밤에 갈대로 구명조끼 비슷한 것을 만들어 몸에 두른 뒤 투타네카이의 피리 소리를 길잡이 삼아 3.2킬로미터 폭의 호수를 헤엄쳐 건너간다. 어렵사리 하나가 된 두 사람은 이후 오래오래 행복하게 살았다고 한다.

100여 년 전 〈포카레카레 아나〉의 악보를 공식 출판한 이들이 와이아푸 판 가사를 채택한 까닭에 현재 대부분 사람이 기억하고 따라 부르는 것도 이쪽이다. 하지만 노래에 담긴 애틋함과 헌신적 사랑에 더 어울리는 장소는 로토루아 호수임이 분명하다. 오늘날 나를 포함한 많은 이들은 곡 중에서 사랑하는 이를 그리며 노래하는 인물이 투타네카이라고 여긴다. 비록 곡을 둘러싼 서정성 때문에 〈포카레카레 아나〉는 주로 여성이 노래하지만 말이다.

히네모아와 투타네카이의 시대로부터 수백 년이 지난 현대의 로토루아 호수는 인구 6만의 소도시 로토루아의 일부다. 호수에서는 사람들이 카누를 즐기고 주변으로는 공원과 산책로가 조성되어 있으며 케이블카로 전경을 조망할 수 있다. 오늘날 로토루아는 어엿한 관광지로 자리 잡았다. 사랑 이야기와 인간 승리의 드라마가 융합된 전설 속 연인들의 모습이나 그들이 눈에 새겼을 법한 아득한 풍경을 기대했다가는 충격과 배신감에 시달리게 될지도 모른다.

하지만 나는 로토루아의 변화가 크게 신경 쓰이지 않는다. 우연과 숙명이 몇 차례 교차한 결과로 〈포카레카레 아나〉가 내게 갖는 의미가 달라졌기 때문이다. 내게 이 노래는 시간을 초월한 재회의 이야기다. 만약 별들의 강 너머에, 우리가 사는 이곳과는 완전히 다른 방식으로 시간이 흐르는 그곳에서 우리가 사랑했던 모든 존재가 가끔 우리를 그리며 노래한다면 그들은 어떤 노래를 부를까? 나는 그들이 그리워질 때 어떤 노래를 부르면 좋을까?

내가 로토루아 호수에 가서 하고 싶은 일이 무엇

인지 지금으로서는 나도 정확히 알 수 없다. 그곳의 놀랍도록 평범한 모습을 통해 현실을 자각하고 싶은 것일 수도 있고, 아니면 그리움에 취해 〈포카레카레 아나〉를 노래하며 오히려 더 깊은 몽상에 빠지고 싶은 것일 수도 있다. 그도 아니라면, 혹여나 그곳의 마법 같은 아름다움 속에서 잔잔한 위로를 얻을 수 있지 않을까.

꿈꾸는 여행 포인트

〈스카버러 페어〉의 영국 스카버러, 〈아랑후에스 협주곡〉의 스페인 아랑후에스, 마이애미, 뉴올리언스, 런던, 벨파스트, 베를린. 우리는 음악을 통해 어디든 갈 수 있다. 좋아하는 음악의 제목과 가사를 음미하며 여행 꿈으로 연결해보자.

표정으로 읽은 곳

오스트레일리아 브리즈번 & 모리셔스

"브리즈번에서 왔다니까 낯설지? 그렇게 유명한 도시는 아니니까. 그래도 이번에 세계에서 제일 살기 좋은 도시 가운데 하나로 꼽히기는 했어."

라오스에서 어떤 브리즈번 청년에게 이 말을 들은 게 벌써 15년 전 일이다. 그때는 "왜 아니겠어. 호주 도시들이야 다 살기 좋겠지. 땅도 넓고 날씨도 좋고 돈도 많고. 근데 세계에서 가장 살기 좋은 도시는 누가 정하는 건데?"라며 콧방귀를 뀌었더랬다.

훗날 나는 이 친구가 언급했던 '세계에서 가장 살기 좋은 도시 순위'가 사실 상당한 공신력이 있음을 알게 되었다. 이는 최고 권위의 경제지인 〈이코노미스트〉에서 선정하는 '글로벌 리버빌리티 랭킹(Global Liveability Ranking)'이라는 지표다. 인프라 수준에서 시작해 건강, 복지, 교육, 문화생활 기회, 환경에 이르기까지 다층적인 요인을 꼼꼼히 살피는 지표로 잘 알려져 있다. 우리나라 언론에서 가끔 '세계에서 가장 살기 좋은 도시는 빈. 서울은 몇 위?' 하는 식으로 기사를 낼 때 근거로 삼는 것 또한 이 지표다.

하지만 이 순위는 영국 신문사에서 서양인의 시각을 반영해 선정했다는 한계를 가지고 있다. 서양인이 생각하는 좋은 인프라와 주거 환경 개념에 대한민국 양식의 최첨단 아파트 단지는 포함되지 않을 것이다. 우리는 서양 사람들처럼 박물관과 콘서트홀, 바와 클럽, 각종 스포츠 경기장을 뻔질나게 들락거릴 필요도 느끼지 않는다.

사정이 이렇다 보니 나는 랭킹 최상위권에서 자기들끼리 엎치락뒤치락하는 3대 도시인 호주 멜버른과 오스트리아 빈, 캐나다 밴쿠버에 특별한 동경심을 갖고 있지 않다. 특히 멜버른과 밴쿠버는 범죄 없고 거리 썰렁하고 아이스하키나 크리켓 같은 (나는 관심 없는) 스포츠에 열광하고 밥값 비싼 그저 그런 동네가 아닐까 생각한다. 빈 역시 여행을 가기에는 좋은 도시겠지만 그곳에서 여생을 보내고 싶은 마음은 들지 않는다.

그러나 브리즈번은 다르다. 나는 이곳에 꽤 큰 흥미를 품고 있다. 15년 전 만난 녀석의 겸손하지만 노골적인 동네 자랑이 먹혀들었기 때문이 아니라 녀석과 녀석의 여자친구가 그때 줄곧 보여주었던 표정이 잊히지 않기 때문이다.

그날 우리는 라오스 시골을 하이킹하며 세 곳의 동굴을 방문하는 등 흥미로운 하루를 보냈다. 그런데 괘씸하게도 이 녀석이 하루 종일 '썩 흥미롭지 않은데?'라는 표정으로 일관하는 게 아닌가! 진짜 흥미를 못 느끼는 건지, 아니면 원래 무뚝뚝하게 생긴 건지 긴가민가하여 여자친구 쪽 표정을 확인해보면 걔는 숫제 '여기 너무 지루해'라는 표정을 짓고 있었다. 나아가 이들은 "이쪽 동굴은 나쁘진 않은데 사실 우리 브리즈번에도 정말 멋진 동굴이 있어."라든가 "여기 하이킹도 마음에 들지만 사실 우리 브리즈번에서는……"이라며 틈날 때마다 자기 동네 이야기를 꺼냈다. 이들에게는 타국 여행이 고향에 있는 것에 비해 그리 신나고 재미있는 사건이 아니었던 것이다.

도대체 브리즈번이 어떻게 생겨 먹은 도시이기에

그런 표정이 나오는 것일까? 물론 여행에 대해 이 두 사람이 보여준 반응이 브리즈번 사람의 일반적인 특징이라고 확대해석해서는 안 될 것이다. 하지만 이후 브리즈번에 대해 알면 알수록 '이곳 사람들은 여행보다 고향에 있는 게 재미있을 수도 있겠다.'라는 생각이 굳어졌다.

브리즈번은 독특한 지리 조건을 가진 해안도시다. 분명 대양으로 열린 도시지만 앞바다의 모튼섬(Moreton Island)과 노스스트래드브로크섬(North Stradbroke Island)이 긴 방파제 역할을 해 연안에 거대한 만이 형성되어 있다. 이 잔잔한 만에 수많은 물고기가 살고 혹등고래와 듀공이 떼를 지어 방문한다. 브리즈번 사람들은 여기서 레저 낚시를 즐기거나 스쿠버다이빙을 한다. 모튼섬과 노스스트래드브로크섬에는 멋진 백사장과 모래언덕이 있고 곳곳에 서핑을 할 수 있는 포인트가 있다.

브리즈번 도심에는 굽이치는 브리즈번강 양쪽으로 공원이 조성되어 있다. 우리나라 서울과 크게 다르지 않은 모습이지만 브리즈번 인구가 서울 인구의

3분의 1에 미치지 못하고 브리즈번 날씨가 서울보다 훨씬 온화하다는 점을 생각하면 이곳 강변 공원을 좀 더 쾌적하고 낭만적인 모습으로 상상하게 된다.

브리즈번에서 남쪽으로 1시간 정도 떨어진 도시 골드코스트는 황금의 서핑 명소이자 레저 천국이다. 이곳에는 이름부터 '서퍼 천국(Surfers Paradise)'인 해변을 포함해 20여 개의 서핑 포인트가 있다. 또한 브리즈번에서 북쪽으로 1시간 정도 가면 나오는 선샤인코스트 역시 선샤인 해변, 선라이즈 해변, 캐스트어웨이 해변 등 20개 남짓의 서핑 포인트를 보유한 레저 도시다.

브리즈번에서 내륙으로 1시간 30분 정도 들어가면 시닉림(Scenic Rim)이라는 지역이 나온다. 시닉림 지역 관리 위원회는 "천국과 같은 시닉림은 그레이트디바이딩산맥(Great Dividing Range)의 언덕과 봉우리와 세계자연유산으로 선정된 국립공원들로 이루어져 있습니다."라고 이곳을 소개한다. 사람들은 시닉림에서 암벽 등반과 하이킹과 트레킹을 즐기고 아름다운 새들의 모습을 관찰한다. 시닉림은 2022년에 세계적인 여행 가이드북 《론리 플래닛》이 선정한 최고의 여행 목적지 1위를 차지하기도 했다.

이와 같은 정보를 종합해보면 15년 전 브리즈번 친구들이 보여준 떨떠름한 표정이 숙취나 시차, 뚱한 그들의 성격 탓이 아니었으리라는 생각이 든다. 멋진 자연과 청명한 날씨와 다양한 오락거리를 갖춘 동네에 살다가 다른 곳으로 여행을 오면 어떤 느낌이 들까? 다음에 또 어딘가에서 브리즈번 사람을 만나면 다시 한 번 그들의 표정에 주목해보리라.

반면 오래전 중국 베이징에서 만난 어떤 친구에게서는 위의 브리즈번 커플과 사뭇 다른 표정을 읽을 수 있었다. 천안문 광장 건너편 후통에 자리한 인기 많은 호스텔에서 나는 어느 나라 사람인지 쉽게 알아볼 수 없는 곱슬머리 갈색 피부의 남자를 만났다. 그날 저녁 이 친구를 비롯해 다른 여러 나라의 여행자들과 노닥거리는 자리에서 나는 그가 모리셔스 사람이라는 사실을 알게 되었다.

"나는 모리셔스 사람이고, 여기 베이징에서 약학을 공부하고 있어. 웃기지? 허허. 중국에 와서 양약을 공부하다니. 허허."라고 자기소개를 한 이 친구는 시종일관 묘하게 의연한 표정을 지으며 저녁 시간을 보냈다. 그날 나는 모리셔스 사람을 처음 만났고, 이는 아마 그 자리에 있던 다른 나라 친구들도 마찬가지일 것이다. 간혹 우리나라 사람들이 그렇듯이 "우리나라는 외국에 잘 알려져 있지 않아!"라는 생각을 하는 사람은 어떻게든 자기 나라를 알려야 한다는 막연한 의무감 때문에 초조한 마음을 숨기지 못하곤 한다. 혹은 다른 나라 사람들의 무지와 무관심에 짜증이 나서 표정이 일그러지기도 한다. 하지만 그 모리셔스 친구는 자신을 낯설어하는 사람들에 둘러싸인 채 조금도 조마조마하거나 짜증 내는 기색 없이 달관한 표정을 짓고 있었다.

그와의 짧은 만남이 있고 난 뒤 나는 모리셔스라는 나라에 대해 여러 가지를 알게 되었다. 모리셔스는 별난 역사를 가진 아프리카 동안의 섬나라다. 마다가스카르에서 동쪽으로 1,000킬로미터 정도 떨어져 있는 모리셔스는 유럽인들이 당도하기 전까지 사람이 살지 않았다. 처음 이곳에 정착한 이들은 네덜란드 사람들로, 당시 네덜란드의 군주였던 대공 모리츠의 이름을 따서 이곳을 모리셔스라고 이름 붙였다. 이들은 마다가스카르에서 노예를 들여와 플랜테이션을 조성했지만 이내 프랑스에 섬을 내주었다.

프랑스인들 또한 아프리카에서 노예를 들여와 사탕수수 플랜테이션을 경영했다. 프랑스인들은 자신들의 왕 루이 15세의 이름을 딴 포트루이스(Port Louis)를 건설하고 인도양 무역의 중요 거점으로 삼았다. 이곳이 바로 오늘날 모리셔스의 수도이자 인구가 가장 많은 도시인 포트루이스다.

약 100년에 걸친 프랑스의 지배는 1810년 영국의 침략으로 종식되었다. 영국 치하에서 일어난 중요한 사건은 노예제 폐지였다. 이에 따라 사탕수수 플랜테이션 농장주들은 노예를 대신해 인도에서 노동자를 들여왔다. 모리셔스에 온 인도인들은 당시 영국의 여러 식민지에서 시행되던 연기계약노동(Indentured labor)이라는 제도에 묶여 있었는데, 주로 빚진 이들을 불러다 장기간 무임금으로 일을 시켰기 때문에 노예제와 별반 차이가 없었다. 인도인들이 유입됨에 따라 이때까지 아프리카인이 주를 이루던 섬의 인구 구성이 급격히 변화해 이제는 인도인이 3분의 2를 차지하고 아프리카인이 나머지를 차지하게 되었다. 비교적 소수의 중국인 노동자들이 모리셔스에 자리 잡은 것 또한 이때였다.

모리셔스의 다양한 인구 구성은 영국으로부터 독립을 쟁취한 오늘날까지 이어지고 있다. 인구 120만의 모리셔스는 네덜란드어로 된 섬 이름과 프랑스어로 된 수도를 가진 나라이고 인도인 노동자와 흑인 노예의 후손들로 이루어진 국가다. 국민 대다수는 모리셔스 크레올이라고 부르는 다민족 언어를 사용한다. 인구의 절반은 힌두교를 신봉하고 나머지는 주로 기독교를 믿는다. 음식 문화 또한 인도식과 아프리카식, 중국식과 프랑스식이 합쳐진 궁극의 퓨전 양식을 띠고 있어서 작은 나라치고 무척 독특하며 다채로운 식생활을 자랑한다.

모리셔스는 화산섬 특유의 멋진 자연을 가진 나라로 오늘날 우리나라 사람들에게 신혼여행지로 인기가 높다. 관광산업을 중심으로 설탕 등의 전통 산업과 금융업 등의 신산업을 발전시킨 결과, 독립 국가 모리셔스는 오늘날 '아프리카에서 가장 부유한 나라', '모리셔스의 기적'이라 불리고 있다. 또한 모리셔스는 현존하는 토종 동식물을 소중히 보호하는 나라로 잘 알려져 있다. 세계에서 가장 유명한 멸종동물인 도도새가 살다가 멸종되고 나서 모리셔스 사람들은 이 치욕적인 명성을 깨끗이 씻어내겠다는 각오로 자연을 지키는 데 앞장서고 있다.

기독교 명절과 이슬람교 명절, 중국 춘절과 힌두교 홀리와 독립기념일과 노예제 철폐 기념일을 모두 기념하는 나라 모리셔스. 그날 베이징에서 만난 모리셔스 친구는 이처럼 현기증 나는 다양성을 지닌 퓨전의 나라에서 왔기에 그토록 태연자약한 표정을 짓고 있었던 게 아닐까. 그 의연한 얼굴은 "우리나라가 어떤 곳인지 많이 궁금하겠지. 하지만 설명하기도 어렵고, 어찌어찌 설명한다고 해도 쉽게 이해하지 못할 거야. 허허."라는 달관에서 비롯된 게 아니었을까? 아니면 그 모든 것이 열대 섬나라 사람 특유의 쿨함에 불과한 걸까? 제3국을 여행하며 모리셔스 사람을 운 좋게 다시 만나는 일은 없을 듯하니 직접 모리셔스에 가서 확인해보는 수밖에.

꿈꾸는 여행 포인트

여행은 여행을 부른다. 특히 여행 중 만난 외국 친구들의 말과 행동은 그들의 고향 또는 그들이 여행한 곳에 대한 두근거리는 여행 꿈을 선사하곤 한다. 한국인의 어학 실력은 이제 남 부끄럽지 않은 수준에 올랐다고 생각한다. 용기 내서 대화를 나누고 재미난 추억과 멋진 여행 꿈을 잔뜩 만들어보자. 더군다나 요즘은 한국어를 하는 외국인도 왕왕 만나볼 수 있다!

익숙하며 새로운

라오스 메콩강 크루즈 & 태국의 기차

라오스는 내게 무척 친숙한 나라다. 여행을 여러 번 가기도 했고, 15년 동안 적당한 간격을 두고 찾아갔기 때문에 그동안 라오스 사람들이 겪은 느릿느릿한 변화를 조금이나마 함께할 수 있었다. 나는 또한 다른 이들보다 라오스를 더 넓게 여행했다고 자부한다. 라오스는 우리나라식으로 따졌을 때 17개 도와 1개 특별시로 이루어진 나라인데, 나는 이 중 7도와 1특별시를 여행해보았다. 남쪽 끝의 참파삭(Champasak)에서부터 북쪽의 루앙남타(Luang Namtha)까지, 태국과 연한 보케오(Bokeo)부터 베트남과 연한 씨엥쿠앙(Xiangkhuang)까지 구석구석 찾아가 보았다.

어떤 나라를 이렇게 자주, 자세히 여행하다 보면 그 나라가 가깝고 편하게 느껴지며 그 나라로 여행 갈 생각만 해도 마음이 느긋해진다. 라오스의 경우처럼

'여행하기 편하다.'라는 평가를 듣기 힘든 미니멀한 나라라 할지라도 마찬가지다. 나는 이제 여행 인프라가 잘 갖추어진 다른 생경한 나라들에 비해 라오스를 여러모로 더 편하게 느낀다.

한편 어떤 나라가 편하게 다가올수록 그곳에서 새로움과 설렘을 느끼기 힘들어지는 것 또한 사실이다. 낯선 곳을 여행하며 두근거림을 만끽하고 싶은 여행자들에게는 꺼림칙한 일이 아닐 수 없다. 가슴이 두근거리지 않으면, 그 대신 머리가 바삐 돌아가며 비판적인 생각을 쏟아내는 법이다. 나 역시 막상 라오스를 다시 갈 생각을 하면 가장 먼저 라오스 밥이 얼마나 맛없는지, 라오스 길이 얼마나 울퉁불퉁한지, 라오스 사람들이 일을 참 열심히 하는데 어쩜 그리 요령들이 없는지 등등이 먼저 떠오른다. 환상적인 여행 꿈을 꾸기에 바람직한 상황은 아니다.

하지만 생각을 조금만 바꿔보면 오히려 이런 조건에서 그럴듯한 여행 꿈이 싹틀 수 있다. 나는 여행 꿈을 잃은 현대인들에게서 어떤 공통적인 패턴을 발견할 수 있다고 본다. 시간이 부족하고 일이 힘들다는 이유로 별다른 여행 꿈 없이 친숙한 여행지를 자꾸 찾게 된다. 이러한 관성 의존 여행이 거듭되다 보니 여행이 지겨워지고 가기 싫어지는 패턴이다. 마음속으로는 여행의 설렘을 원하지만 실제로 이를 추구하는 행동을 하지 않기에 여행 자체가 관습적이고 의무적인 일이 되는 셈이다. 이런 사람들에게 특효약이라 할 수 있는 여행은 바로 친숙한 나라에서 가보지 않은 곳을 가고 해보지 않은 일을 하는 것이다.

우리가 여행지로 삼는 곳들은 대부분 수많은 사람이 모여 고유한 역사와 문화를 이룬 국가이고 지역이자 광대한 자연이고 생태계다. 우리가 그곳을 아무리 친숙하게 느낀다고 해도 여전히 한 번도 들어보지 못한 경험 혹은 하고 싶었지만 하지 못한 일들이 남아 있을 수밖에 없다. 숨은 보석 찾기는 언제나 즐거운 일이며 오직 내가 잘 아는 곳에서만 할 수 있는 일이다. 안정감과 설렘이 뒤섞인 오묘한 쾌감을 느낄 수 있고 친숙한 곳을 더욱 내밀하게 만들어주는 여행이 바로 친숙한 곳으로의 낯선 여행이다.

라오스는 내게 무척 친숙한 나라이자 여전히 새롭

게 여행할 수 있는 나라다. 내가 찾아내야 할 라오스의 숨은 보석은 1박 2일의 메콩강 크루즈 여행이 아닐까 한다. 메콩강 크루즈는 라오스 북서부 국경 마을인 후안사이(Houayxay)와 아름다운 세계문화유산 도시인 루앙프라방을 잇는 뱃길 여행이다. 즉 여행자는 후안사이에서 루앙프라방 방향으로 메콩강을 따라 내려가거나 반대로 거슬러 오를 수 있는데, 어느 쪽을 선택하느냐에 따라 전체적인 감상이 뒤바뀔 수 있다. 1박 2일의 크루즈가 "여러분! 드디어 루앙프라방에 도착했습니다!"라는 대단원을 맞이하는 것과 황량한 후안사이에서 덜컥 끝나버리는 것에는 큰 차이가 있기 때문이다. 이 때문인지 많은 사람이 후안사이에서 루앙프라방을 향해 물결 방향대로 흘러가는 편을 선호한다.

    메콩강 크루즈는 선실이 있는 크루즈선이 아닌 기다란 1층 선체에 다리 뻗고 앉을 공간, 테이블, 햇볕 쬘 공간, 바, 화장실을 차례로 배치한 슬로 모터보트를 타고 한다. 중간에 상륙해 현지 마을을 둘러보기도 하고, 해 질 녘에는 빡벵(Pakbeng)이라는 마을에 정박해 숙소를 잡고 잠을 잔다.

메콩강 크루즈가 내게 깊은 행복감을 선사하리라는 것을 나는 이미 알고 있다. 여러 차례 슬로 보트를 타고 메콩강을 한두 시간 정도 오르내린 경험들이 지금도 잊히지 않기 때문이다. 빠르고 꽉 짜인 현대인의 여행에 운치라는 말이 끼어들 틈이 있다면 그것은 분명 강 위의 슬로 보트에서일 것이다. 이 독특한 정취를 1박 2일 동안 지겹도록 느낄 수 있다니. 그리고 그걸 지극히 라오스적인 가격으로 할 수 있다니. 생각하면 할수록 가슴이 두근거린다.

후안사이와 연한 태국 북부 지역과 라오스 루앙프라방 지역을 이미 잘 알고 있기에 크루즈 앞뒤로 붙일 여행을 계획하는 일도 어렵지 않다. 치앙마이와 치앙라이 등 언제 방문해도 좋은 동네가 앞에 붙고, 며칠이든 머무르며 몸과 마음을 쇄신할 수 있는 라오스 산골 동네들이 뒤에 붙을 것이다.

그렇다면 내친김에 앞에 붙을 태국 여행도 새로운 방식으로 해보면 어떨까. 태국 역시 내게 무척 친숙한 나라지만 또한 아직 해보지 않은 일들과 가보지 못한 곳으로 가득한 나라니 말이다.

특히 나는 태국에서 기차를 한 번도 타본 적이 없다. 태국은 전국 각지를 연결하는 여행사 버스와 버스-배 조인트 티켓, 저가 항공편(또는 항공기-버스-배 조인트 티켓) 등으로 유명해 기차 여행과는 별 상관이 없는 듯 느껴진다. 태국에서 기차 타는 이야기는 여행자들 사이에서 일종의 컬트적인 서사로 통할 정도다. 그러나 태국은 기차로도 내세울 것이 많은 나라다. 무엇보다 세상에서 제일 유명한 기찻길 이야기 가운데 하나인 영화 〈콰이강의 다리〉가 태국의 콰이강을 배경으로 한다. 태국의 기찻길이 정말로 영화처럼 멋진 경치를 누빈다면 이는 지루하기로 유명한 태국 버스 여행에 훌륭한 대안이 될 것이다.

태국을 여행하는 이들이 특히 선호하는 기차 노선은 방콕-치앙마이 구간 야간열차와 방콕-춤폰(Chumphon) 구간 야간열차다. 고생스럽게 왜 이리 긴 구간을 밤중에 이동하려 하는지 의구심이 들 수도 있는데, 사실 돈과 시간을 아껴가며 여행하는 젊은 여행자들 입장에서 침대칸을 타고 이동하는 야간열차는 축복과도 같다. 이동하는 길에서 잠을 자니 숙박비 한 번을 아끼는 셈이고 잠을 자면서 이동을 하니 이동에 허비하는 구간 하나가 통째로 사라지는 셈이다! 젊음이란 이처럼 체력을 깎아 돈과 시간을 아끼는 삶의 자세 그 자체가 아니겠는가?

하지만 나는 이제 방콕에서 출발하는 야간열차에 관심이 없다. 돈과 시간보다는 체력을 아끼고 싶은 나이가 되어서 그러는 게 (결코) 아니다. 단지 야간열차나 야간버스로 대표되는 힘들고 운치 없는 여행에 정나미가 떨어져서 그렇다. 철로 위의 경치를 즐기지 못할 거라면 뭐 하러 기차를 타겠는가.

이런 입장에서 나는 태국 북부의 치앙마이와 람빵(Lampang)을 잇는 1시간짜리 기찻길에 관심이 있다. 이 기차는 태국의 철도 노선 중 지선에 해당해서 열차 시설이 그다지 좋지 못하다고 한다. 정확히는 에어컨 없이 창문을 열고 운행한다는 뜻인데 이는 태국의 열기를 생각했을 때 그다지 달가운 일이 아니다. 하지만 치앙마이-람빵 노선은 주로 도이쿤탄 국립공원(Doi Khun Tan National Park)의 산지를 지나는 것이 특징이다.

창문을 열고 산바람을 맞으며 국립공원의 녹음을 1시간 가까이 만끽할 수 있는 셈이다. 목적지인 람빵이 특별한 매력을 지닌 도시는 아닐지라도 여전히 태국 땅이다. 운치 있는 기차 여행 끝에 훌륭한 태국 음식을 즐기고 여유 있는 시간을 보내기에 충분하리라.

세상에서 가장 운치 있는 슬로 보트 여행이 무엇일까? 나는 그것이 라오스의 메콩강 크루즈일 거라고 생각한다. 그렇다면 치앙마이-람빵 간 기차 여행이 세상에서 가장 멋진 기차 여행일까? 그렇지는 않을 것이다. 꿈에 그리는 기차 여행에 대한 이야기를 바로 이어 해보자.

꿈꾸는 여행 포인트

인터넷을 뒤져 여행 정보를 모으는 일이 마냥 즐겁고 신날 수만은 없다. 하지만 이미 친숙하게 느끼는 곳에 관하여 정보를 모으는 일은 생판 처음 가보는 곳을 공부하는 것보다 훨씬 즐겁고 진도도 더 잘 나간다. 친숙한 여행지에 대한 온갖 정보를 긁어모으며 익숙한 곳을 새롭게 여행할 준비를 해보자.

세상 끝과 끝에 존재하는 두 열차

노르웨이 베르겐라인 & 뉴질랜드 트랜즈알파인

열차에서 나는 시간과 공간에 대한 감각을 잃어버린다. 그 위에서는 책을 읽을 수도, 생각할 수도, 잠을 잘 수도 없다. 오직 꿈을 꿀 수 있을 뿐이다.

기차 여행에 대한 가장 낭만적인 찬사라고 할 수 있는 이 문구를 남긴 사람은 19세기 영국의 위대한 문필가 찰스 디킨스다. 그의 표현이 너무나 멋있어서 착각하기 쉽지만 사실 찰스 디킨스는 기차 여행이 결코 안락하고 낭만적이지 않았던 시대를 산 사람이다. 디킨스는 기차가 발명되어 최초로 운행되던 시대에 기차를 탔다. 당시의 기차, 즉 초기 증기기관 열차는 요즘 기준으로는 상상할 수조차 없는 소음과 진동과 연기, 딱딱한 나무 의자와 사고 위험성으로 가득한 무언가였다. 그러나 기차라는 혁신적 기술이 과거 누구도 느껴보지 못하고 상상하지 못한 정취를 제공했기에 디킨스는 이 무지막지한 방해 요소들에 구애받지 않고 기차에서 꿈을 꿀 수 있었다.

현대인들도 젊은 시절의 디킨스와 마찬가지로 기차 여행을 아주 좋아한다(말년의 디킨스는 달랐다. 그는 53세에 끔찍한 기차 사고를 겪고 트라우마가 생겨 5년 뒤 사망할 때까지 다시는 기차에 마음을 붙이지 못했다). 그러나 기차가 더 빠르고 편안하고 쾌적해질수록 기차 여행을 대하는 우리의 눈은 까다로워지기만 한다. 심지어 이제는 기차에서 낭만과 꿈을 찾던 시대가 영영 지나가 버린 것 아닌가 의심스러울 때도 있다.

일단 현대의 고속철도는 창밖을 내다보며 사색에 잠기려다가는 순식간에 멀미를 느낄 만큼 빠르다. 이처럼 빠른 기차는 목적지에 이르는 편리하고 빠른 수단이 되기는 하나 그 자체로 멋진 여행이 되지는 않는다. 이를테면 나는 과거에 라오스 방비엥에서 루앙프라방까지 구불구불한 산길을 버스로 여행할 때마다 '여기에 터널이 뚫린다면 여행이 더 좋아질까 나빠질까?'라는 의문을 떠올렸다. 최근 라오스에 개통한 고속철도를 타고 터널 속을 달리며 방비엥에서 루앙프라방까지 눈 깜짝할 사이에 도착하고 나니 고민은 더욱 깊어졌다. 분명 편하고 좋기는 한데, 운치 빼면 남는 게 별로 없는 나라인 라오스에서 운치를 빼버린 느낌을 지울 수 없었던 것이다.

그렇다고 기차가 마냥 느리고 힘들수록 좋은 것도 아니다. 이를테면 인도에서 경험한 긴 기차 여행들을 떠올려보면 낭만적인 향수라곤 거의 들지 않는다. 이처럼 길고 고단하고 북적이는 기차 여행을 하다 보면 "이거 또 타는 건 못 하겠으니까 차라리 비행기를 타자."라는 소리가 절로 나온다.

너무 느리지도 않고 너무 빠르지도 않고, 터널 속만 냅다 달리는 것이 아니라 대자연의 지표면을 따라 달리고, 너무 많은 승객에 치이는 느낌이 들지 않고, 너무 비싼 운임 때문에 운치를 느끼지 못할 징도도 아닌 기차는 과연 어디에 있단 말인가! 나는 여태 이런 기차를 찾아내지 못했지만 기차 여행 꿈만은 버리지 않았다. 이 넓은 세상에는 세계 최고라고 부를 수 있는 낭만적인 기차 여행이 여전히 존재할 것 같기 때문이다.

여러 정보를 종합해봤을 때 특히 돋보이는 두 가지 노선이 있다. 첫째는 노르웨이의 오슬로-베르겐 노선, 즉 베르겐라인(Bergen Line)이다. 베르겐라인은 노르웨이의 관문이자 최대 도시인 오슬로와 노르웨이 여행의 하이라이트로 손꼽히는 베르겐을 잇는 기차다. 베르겐은 노르웨이 피오르 여행의 기점이 되는 도시다. 이곳에서 북쪽으로 80킬로미터를 가면 노르웨이에서 가장 긴 피오르인 송네피오르(Sognefjord)가 나오고 남쪽으로 50킬로미터 떨어진 곳에는 노르웨이에서 두 번째로 긴 하르당에르피오르(Hardangerfjord)가 있다.

나아가 베르겐은 유네스코 세계유산으로 등재된 브뤼겐(Bryggen)을 구경할 수 있는 도시다. 브뤼겐은 700여 년 전 독일 상인들이 조성한 연안부두로 즐비하게 늘어선 색색이 아름다운 목조 건물로 유명하다. 700년 전 노르웨이는 스톡피시(stockfish)라고 불리는 건조 대구가 특산품이었다(〈겨울왕국〉에서 안나와 크리스토프가 대구로 가득한 상점을 방문하는 장면을 떠올려보자). 스톡피시가 귀중한 단백질 식품으로 유럽 전역에서 오랜 기간 인기를 끈 덕분에 스톡피시의 독점 집하장이나 다름없었던 베르겐에 바다 건너 독일 한자동맹 상인들이 찾아와 부두와 상관(商館)을 설치했다. 이 구역이 오늘날까지 잘 보존되고 그 문화적 중요성을 인정받아 세계유산으로 등재된 것이다.

나아가 베르겐라인은 단순히 베르겐으로 이어지는 길에 그치지 않는다. 베르겐라인은 세계에서 가장 아름다운 기차 여행이라는 별칭이 따라다니는 기찻길이다. 7시간에 걸친 베르겐라인 여행의 전반부는 비교적 평범한 농촌 풍경으로 이루어져 있다. 하지만 열차가 스칸디나비아산맥을 올라가는 여행 후반부에는 이야기가 달라진다.

먼저 등장하는 곳이 하르당에르비다(Hardangervidda) 고원이다. 광활한 초원과 굽이치는 언덕, 차갑고 푸른 호수와 습지로 유명하며, 낚시와 트레킹을 즐기거나 북극여우와 순록을 감상할 수 있는 곳이다. 여기서 더 나아가면 네뢰이피오르(Nærøyfjord)라는 곳이 나온다. 노르웨이의 수많은 피오르 중에서 유네스코 세계자연유산으로 등재된 피오르는 게이랑에르피오르 (Geirangerfjord)와 네뢰이피오르 두 곳밖에 없다. 즉 베르겐라인은 노르웨이에서 가장 아름다운 피오르를 찾아가는 가장 운치 있는 방편이다. 네뢰이피오르에서 크루즈를 하고 싶다면 베르겐라인을 타고 가다가 플롬(Flåm)이라는 마을에서 하차하면 된다.

베르겐라인에 이어 주목할 만한 두 번째 기차 여행은 뉴질랜드의 트랜즈알파인(TranzAlpine) 노선이다. 트랜즈알파인은 뉴질랜드 남섬 동해안의 크라이스트처치(Christchurch)와 서해안의 그레이마우스(Greymouth)를 잇는 5시간짜리 기찻길이다. 뉴질랜드 남섬의 척추를 이루는 남알프스산맥(Southern Alps)을 넘어가기 때문에 베르겐라인 못지않은 절경을 자랑한다. 물가 비싼 뉴질랜드에서 가장 유명한 관광열차인 트랜즈알파인은 편도 가격이 15~20만 원 정도로 편도 7만 원의 베르겐라인보다 비싸다. 그럼에도 불구하고 좌우가 훤히 트여 찬바람이 몰아치는 트랜즈알파인의 풍경 칸 객차는 털모자를 눌러쓰고 목도리를 칭칭 감은 여행객들로 항상 북적인다고 한다.

트랜즈알파인의 압권인 구간으로는 단연 아서스 패스(Arthur's Pass)를 꼽을 수 있다. 고원 계곡 사이로 선로가 나 있는 이 구간을 머릿속으로 그리고자 나는 이미 알고 있는 멋진 계곡들을 떠올리며 '포카라에 기차가 놓인 것과 비슷하지 않을까?', '호도협을 기차로 통과하는 것 같지 않을까?'라고 상상해본다. 또한 이곳은 노르웨이의 하르당에르비다 국립공원처럼 뉴질랜드가 자랑하는 아름다운 고원지대인 아서스패스 국립공원의 일부이기도 하다.

트랜즈알파인의 목적지인 그레이마우스는 뉴질랜드의 유명한 하이킹 코스이자 자전거 여행 코스인 '웨스트코스트 윌더니스 트레일(West Coast Wilderness Trail)'의 시점이 되는 도시다. 이름은 윌더니스(황무지)라고 되어 있지만, 사실 짙은 녹음과 덤불 사이를 누비고 연달아 등장하는 호수를 끼고 도는 아름다운 길이다. 이곳에서 건강하고 산뜻하고 운치 있는 여행을 하고 싶다.

트랜즈알파인의 시점인 크라이스트처치는 딱히 호기심을 자극하지 않지만 그 인근에는 흥미로운 동네들이 있다. 특히 크라이스트처치에서 차로 2시간 반 정도 해안을 따라 북쪽으로 이동하면 카이코우라(Kaikōura)라는 동네가 나온다. 카이코우라는 고래와 돌고래가 수시로 출몰하는 짙푸른 바다와 맛 좋은 바닷가재가 유명하다. 특히 카이코우라 바닷가재는 홍콩 딤섬이나 방콕 솜땀과 더불어 '현지에 가면 꼭 먹어보아야 할 특산 요리 10선'으로 꼽히는 대단한 음식이라고 한다.

그런데 이 대단한 바닷가재의 맛 때문에 카이코우라의 경제와 생태계가 어려움에 처해 있다. 카이코우라는 바닷가재 의존도가 무척 높은 어촌인데, 너무 많이 잡다 보니 바닷가재 숫자가 줄어들고 카이코우라 연안의 해양 생태계도 덩달아 흔들리게 된 것이다. 세계적인 부국 뉴질랜드는 이와 같은 문제를 어떻게 처리하고 어떤 식으로 지속가능한 미래를 그리고 있을까? 아니면 손바닥으로 하늘을 가리며 생태계와 어촌 경제를 조금씩 갉아먹고 있을까? 바다와 인간의 관계에 관심을 가진 사람이라면 카이코우라의 현황을 직접 눈으로 확인해보고 싶을 것이다.

우리나라에서 지구 중심을 뚫고 반대쪽으로 나가면 우루과이 앞바다로 솟구쳐 올라가는데, 이처럼 지구 정반대 편에 있는 지점을 대척점(antipodes)이라고 부른다. 베르겐라인의 시점인 오슬로의 대척점은 뉴질랜드와 남극 사이의 어딘가이다. 즉 베르겐라인과 트랜즈알파인은 서로 지구 정반대 편에 놓인 꿈의 기찻길들인 셈이다. 세상 끝과 끝에 존재하는 두 열차를 모두 타보기는 아마 어려울 것이다. 그러나 둘 중 한 노선이라도 직접 경험해본다면 평생 그 기억을 간직하며 "그 위에서는 책도 못 읽고 생각에 잠길 수도 없고 잠도 못 자겠더라. 그냥 꿈을 꾸는 수밖에 없었어."라고 말하게 되지 않을까.

꿈꾸는 여행 포인트

기차는 어둠을 헤치고 은하수를 건널 수 있다. 어딘가로 여행을 계획할 때 그곳에서 탈 수 있는 기차가 있는지 함께 알아보면 좋을 것이다. 기차는 여행 경로와 시간을 마음대로 선택하기 힘들다는 단점이 있다. 하지만 대부분의 경우 몸의 피로감을 최소화하는 여행 방법이 되어주고, 많은 경우 장거리를 이동하기 위한 최선의 선택지가 된다. 또한 그곳을 여행하는 가장 멋진 방법이기도 하고, 나아가 그곳을 여행할 이유가 되기도 한다.

반드시 그리하리라

인도 엘로라와 아잔타 & 네팔 안나푸르나 베이스캠프 트랙

여행은 여행 꿈을 남긴다. 그곳을 새롭게 여행하고 싶은 꿈, 그곳에서 만난 이들이 선사한 꿈, 그곳과 비슷한 곳을 찾아내고 싶은 꿈 또는 완전히 다른 곳에 가고 싶은 꿈. 나아가 우리는 못다 한 일을 마무리 짓기 위해 그곳으로 돌아가는 꿈을 꾸기도 한다.

여행은 시간 제약과 현지 정세와 여행 예산과 동료들의 의견과 나 자신의 선택과 판단에 따른 취사선택의 연속으로 이루어진다. 그러므로 여행을 자주 할수록 버킷리스트는 짧아지겠지만, 미처 하지 못한 일들로 이루어진 "다음에 가면 꼭 할 거야!" 리스트는 길어지게 마련이다.

여기저기를 여행하며 쌓인 아쉬운 일들의 목록이기 때문에 이 리스트는 길고 화려할 뿐만 아니라 단번에 청산하는 게 불가능하다. 가만히 놓아두면 주체

할 수 없는 답답함과 혼란이 밀려올 수 있으므로 버킷리스트와 마찬가지로 '다음에 꼭' 리스트의 항목들에도 차분히 순위를 매길 필요가 있다. 목록의 최상단을 점령한 채 생각날 때마다 땅을 치고 가슴을 치게 하는 숙원의 항목들은 버킷리스트 상단에 자리한 꿈의 여행들보다 먼저 완수하는 편이 좋다.

내 '다음에 꼭' 리스트 최상단 두 자리는 남아시아에 묻어놓은 여행 꿈 두 가지가 차지하고 있다. 2위는 인도 중부에 남겨놓은 일이고, 대망의 1위는 네팔에서 못다 한 일이다.

인도는 다른 어떤 나라보다 돈이 덜 드는 나라고 머리 비상한 현지인들이 어디에서든 어떤 의미로든 기억에 남을 경험을 선사해주는 나라다. 이런 곳에서는 돈이 부족하다는 이유로 포기할 필요가 없고 할 게 없다는 이유로 허비할 날이 없다. 그 대신 인도에서는 길이 너무 멀고 외지다는 이유로 못다 한 일이 생긴다.

까마득한 여정에 좌절하여 포기했던 구체적인 목적지는 인도 중부의 대표 문화유산인 엘로라(Ellora Caves)와 아잔타(Ajanta Caves)다. 두 유적 모두 데칸고원의 바위를 깎아 만든 동굴사원이고 위치도 서로 가까운 편이라 '엘로라와 아잔타'라고 묶어서 지칭하는 경우가 많다. 하지만 엘로라와 아잔타는 각각 힌두교 유적과 불교 유적으로 성격이 엄연히 다르며 유네스코에도 별도의 문화유산으로 등재되어 있다. 또한 각기 자랑하는 특징도 크게 다르다.

엘로라는 8세기에 조성된 16번 동굴, 즉 '카일라사 사원(Kailasa Temple)'으로 특히 유명하다. 카일라사 사원은 현무암을 위에서부터 파고 들어가 만든 기묘한 건축물이다. 말하기야 쉽지, 거대한 바위를 30미터 깊이로 깎아 내려가며 길이 91미터, 넓이 53미터의 복잡한 사원 건물을 만든다는 것은 경이로운 기술과 탄탄한 예술 양식과 어마어마한 노동 없이는 불가능한 일이다. 이곳을 처음 찾는 이들이라면 누구나 "와, 바위를 통째로 깎아서 이걸 만들었다고?"라며 그 위용에 몸서리치게 된다.

한편 아잔타는 무려 2,000년 전으로 거슬러 올라가는 벽화들로 잘 알려져 있다. 아잔타 벽화는 부처의 전생을 다룬 설화집인 《본생경》을 테마로 한다. 다양한 인간 군상과 인간의 다면성을 다루는 주제인 데다가 이를 워낙 뛰어난 솜씨로 표현해놓았기 때문에 인물 한 사람 한 사람의 희로애락이 고스란히 전달된다고 한다. 아잔타 동굴사원은 약 2,000년 전부터 1,500년 전까지 서서히 증축되었고 벽화도 그에 맞추어 창작되었기 때문에 아잔타를 방문하는 여행자는 당대 최첨단의 예술이 수백 년에 걸쳐 진화하는 모습을 감상할 수 있다.

반면 엘로라와 아잔타가 지닌 문제는 두 유적이 있는 데칸고원 북부가 인도 여행에 익숙한 여행자들조차 골치 아파하는 오지라는 점이다. 엘로라와 아잔타는 인도의 다른 매력적인 목적지들과 교통 허브로부터 멀리 떨어져 있다. 콜카타, 바라나시, 아그라, 뭄바이, 고아 등 여행자들이 자주 찾는 도시들을 선으로 이어 보면 데칸고원을 가운데 두고 북쪽과 서쪽을 빙 두른 방벽 모양이 된다. 엘로라와 아잔타에 가려면 일반적인 여행 동선에서 벗어나 특별한 여행을 계획해야 한다는 뜻이다.

지난 인도 여행에서 엘로라와 아잔타를 향한 특별

한 여행을 계획할 때 내게는 오직 만만치 않은 두 가지 선택지만 주어져 있었다. 첫 번째 선택지는 서쪽으로부터 먼 길을 돌아 아우랑가바드(Aurangabad)라는 매력 없는 도시에 가서 어렵사리 숙소를 잡은 뒤 온갖 사기꾼 틈을 헤집고 믿음직한 투어 상품을 찾아내는 것이었다. 두 번째 선택지는 나의 여행 경험치를 믿고 북쪽으로부터 잘가온(Jalgaon)이라는 금시초문의 동네로 들어가 생존하며 엘로라와 아잔타로 가는 릭샤를 흥정해보는 것이었다. 내가 이미 함피(Hampi)라는 또 다른 대형 유적지에 대한 험난한 여정을 계획하고 있다는 점도 문제였다. 세계 각지의 문화유산을 사랑하는 사람으로서 엘로라와 아잔타를 포기하는 것은 어려운 결정이었지만 지금껏 이때의 결정을 후회해본 적은 없다.

하지만 이제는 상황이 달라졌다. 내가 다시 인도를 간다고 하면 처음 갔을 때 가본 곳 여러 군데를 배제하고 계획을 짤 수 있기 때문이다. 인도는 여행 꿈을 품은 자를 위한 거대한 퍼즐 게임과 같다. 하나하나 조각을 맞출수록 변수가 줄어들고 퍼즐이 단순해진다. 이제부터 새로 계획할 인도 여행의 하이라이트는 단연 엘로라와 아잔타가 될 것이다. 내가 바뀐 것도 아니고 인도가 바뀐 것도 아닌데 그저 같은 곳을 다시 방문한다는 이유만으로 과거의 아쉬움을 만회할 수 있다니. 이래서 우리가 평생 여행을 끊지 못하나 보다.

하지만 첫 번째 방문보다 재방문이 더 어려워지는 경우도 있다. 나는 이 사실을 아주 잘 알고 있는데, 바로 첫 번째 여행이 모종의 트라우마가 된 경우다. 내 마음에 깊은 상처를 남겼지만 여전히 '다음에 꼭' 리스트 최상위를 차지하고 있는 그곳은 바로 네팔이다.

2015년 네팔 대지진 때 현장에 있었던 관계로 나는 쉽게 떨쳐내기 힘든 트라우마적 감각을 얻게 되었다. 벌써 10년이 지난 일인데도 여전히 발밑 진동에 민감하고 심하면 현기증을 느낀다. 얼마 전에는 낡은 8층짜리 빌딩의 5층에서 엘리베이터를 기다리다가 고물 엘리베이터의 진동이 발바닥을 타고 전해져 옆의 PC방으로 도망치기도 했다(그랬다가 엘리베이터 도착에 맞춰 잽싸게 뛰어나가 무사히 잡아타고 내려갔다). 딱히 10년 전

일이 꿈에 나온다거나 평소에 나를 감정적으로 괴롭히는 것은 아닌데 이 발밑 감각만은 도무지 사라지지 않는다.

10년 전 네팔에 첫발을 디딘 나는 안나푸르나 베이스캠프 트렉(Annapurna Base Camp (ABC) Trek)에 도전할 마음에 한껏 부풀어 있었다. 설산은 그냥 눈이 쌓인 산이 아니다. 둥글둥글한 우리나라 동네 뒷산에 눈이 쌓인다고 해서 에베레스트와 안나푸르나, 마터호른, 돌로미티, 토레스델파이네와 같은 절경을 이룰 수는 없다. 산이 깎여 있지 않기 때문이다. 연약한 인간이 돌덩어리를 깎아 엘로라를 만들듯이 빙하라는 무지막지한 자연의 힘은 산을 통째 재료 삼아 그곳에 대가의 터치를 남겨놓는다. 설산의 멋과 아름다움, 독재적 위압감과 비현실적 거리감은 독보적이다. 그리고 안나푸르나, 마차푸차레(Machapuchare), 다울라기리(Dhaulagiri) 등 숨을 멎게 하는 명산들을 향해 걸어 들어가는 안나푸르나 트레킹은 설산 트레킹 가운데 독보적인 명성을 자랑한다.

히말라야 영봉들에 한 꺼풀씩 가까워질 때 느끼

는 충격은 어마어마하다. 나는 한참 애가 탈 정도로만 그 감동을 맛보았다. 나는 포카라에서 보았던 마차푸차레의 모습을 선명히 기억하고 포카라 외곽의 사랑코트(Sarangkot) 중턱에서 보았던 눈부신 히말라야의 모습을 온전히 떠올릴 수 있다. 네팔은 내게 트라우마를 준 나라이고 그곳의 자연이야말로 원흉이라고 할 수 있음에도 나는 오늘도 네팔을 꿈꾸지 않을 수 없다.

그러나 나와 네팔의 거리는 영 가까워지지 않고 있다. 이상한 발밑 감각 외에는 겉으로 드러나는 문제가 별로 없는데 답답한 노릇이다. '막상 네팔에 도착하면 막 불안하고 걱정되고 그래서 여행을 잘하지 못하는 것 아닐까?'라든가 '카트만두 공항으로 입국할 때 어떤 느낌이 들까? 혹시 그대로 뒤돌아 나오고 싶지 않을까?'라는 생각은 들지 않는다. 오히려 나는 네팔에 도착하기만 하면 공항 입국 심사대를 무덤덤하게 지난 뒤 네팔 곳곳을 재미있게 여행할 거라고 확신한다. 최근에 네팔을 여행한 사람들이 올려놓은 영상도 거리낌 없이 보며 "와, 저기 저 부분은 완전히 새로 지었네. 건물의 다른 부분이랑 색깔이랑 질감이 전혀 달라."라며 10년 전 지진과 관련된 언급을 서슴없이 하기도 한다.

이처럼 나는 네팔을 피하려 하지 않지만 네팔 꿈을 실현하기 위한 마지막 한 발짝을 내디디려 하지도 않는다. 거북이 뒤만 쫓고 있는 아킬레우스처럼 네팔이 바로 앞에 있는 것 같은데 좀처럼 그곳에 이르지 못한다.

하지만 나는 조바심 내지 않으려 한다. 시간이 지나면서 의구심과 두려움은 줄어들고 그리움과 의욕은 늘어난다는 것을 지난 10년간 충분히 경험해왔기 때문이다. "그래도 그것만은 안 돼!"라고 외치며 나의 네팔행을 방해하고 있는 내 마음의 어떤 부분은 갈수록 낡아가고, 반대로 네팔을 떠올릴 때 느끼는 짜릿한 기대감은 갈수록 생생해져 간다. 언젠가 나는 분명 인천공항에서 두근거리는 가슴을 안고 네팔행 비행기를 기다리며 '타멜(Thamel) 스트리트에서 보충하기로 한 트레킹 용품이 뭐였더라?'라는 생각을 하고 있을 것이다. 꼭 그럴 것이다.

꿈꾸는 여행 포인트

한 번의 여행으로 그곳에서 경험할 수 있는 모든 일을 하겠다는 생각은 고단하고 불행한 여행으로 이어질 수 있다. 우리는 언제든 그곳으로 돌아갈 수 있고 처음에 하지 못했던 일들에 도전할 수 있다. 좀 더 긴 호흡으로 바라본다면 여행은 좀 더 자유롭고 아름다워질 것이다.

평화와 번영이 찾아오기를

예멘 소코트라섬

바다가 없다면 인간은 어떻게 살고 있을까? 따지고 들자면 모든 생명이 바다에서 기원한 데다 바다가 수행하는 지구적 규모의 기능이 없다면 어떤 생명도 유지될 수 없으니 질문 자체가 어리석은지도 모르겠다. 그래도 한번 상상력을 발휘해보자. 바다가 얼마나 큰 축복인지 새삼 깨닫게 될 수도 있으니 말이다.

우리에게 바다가 없다면 여행 갈 해변도 없고 스노클링도 못 하고 생선도 못 먹는 등 정말 곤란한 일이 많겠지만, 무엇보다 인간 세상이 훨씬 폐쇄적일 거라는 생각이 떠오른다. 육지 동물인 인간은 육지가 길이고 바다는 장애물이라고 여기기 쉬우나 실상은 그 반대에 가깝다. 높은 산맥과 건너기 힘든 황무지로 가로막힌 육지는 장애물이고, 적합한 기술만 갖추면 어디로든 갈 수 있게 해주는 바다가 길이다. 즉 바다 없는 세상은 온갖 장애물로 분절된 곳이며 아마도 과학기술이나 문화 수준이 현저히 낮고 생활수준도 떨어지는 곳일 것이다. 가수 조미미가 노래했듯이 "바다가 육지라면" 눈물도 이별도 없을 것이다. 누구도 자기 자리에서 떠나지 못할 테니까.

다행히 지구에는 바다가 있어서 인간은 바닷길과 함께 발전할 수 있었다. 바다는 동아시아를 인도와, 인도를 중동과, 중동을 유럽과 연결해 역사의 기틀을 닦았고 결국 세계 모든 지역과 사람과 화물이 바닷길을 통해 빠짐없이 연결되는 세상을 만들었다.

물론 바닷길을 이용하는 일이 쉽지만은 않다. 육지가 보이지 않는 먼바다에 나가면 어디가 어디인지 몰라서 어디로도 갈 수가 없다. 밤에는 배가 암초에 걸려 파괴되지 않을까 두렵고, 계절에 따라서 바람이 이리 불었다 저리 불었다 하니 도무지 어쩌라는 것인지 막막하기만 하다. 이러한 어려움을 극복하기 위해 인간은 항해술을 발전시키고 등대를 짓고 강력한 엔진을 만드는 등 오만 노력을 기울였지만, 그럼에도 바닷길의 가장 큰 장애물인 육지만큼은 여전히 어려운 문제로 남아 있다. 육지는 가끔 바닷길을 아예 막아버리기도 하고, 바닷길의 폭을 너무 좁게 만들어서 항해를 어렵게 하거나 해적질에 취약하게 한다. 그래서 운하를 내는 일이 중요하고 운하와 해협 등 바다의 길목을 통제하는 일이 중요하다.

소코트라(Socotra)섬이 위치한 아덴만은 이처럼 중요한 바다의 길목에 해당한다. 아덴만은 소말리아와 예멘 사이 폭 300킬로미터 정도의 비교적 좁은 바다다. 이곳은 예나 지금이나 세상에서 가장 중요한 바닷길 중 하나인 홍해를 드나드는 배들이 반드시 지나야 하는 길목이다.

아프리카와 아라비아반도 사이에 끼어 있는 홍해의 모습은 언뜻 바다보다 호수에 가까워 보이기도 한다. 그러나 홍해는 유럽과 중동과 아시아 여러 지역을 '유라시아'로 묶어주는 거대한 바닷길의 핵심적인 구간이라 할 수 있다. 홍해 덕에 지중해와 인도양이 억지로라도 연결될 수 있었기 때문이다.

지중해와 인도양은 육지로 분단되어 있으며 이 육지 장벽의 폭이 가장 좁은 곳이 홍해 북단의 이집트

시나이반도 서부다. 그래서 옛날 사람들은 한쪽 바다에서 온 화물을 하역해 육로로 200킬로미터 정도 운반한 뒤 반대쪽에서 대기하던 배에 싣는 방법으로 이곳의 장벽을 극복했다. 19세기 후반 들어 여기에 수에즈 운하가 뚫리자 이런 불편조차 사라지게 되었다. 수에즈 운하 덕분에 오늘날 우리나라에서 만든 전자제품은 부산항을 떠나 한 번의 막힘 없이 벨기에 안트베르펜 항구에 이를 수 있다.

이처럼 중요한 홍해 바닷길의 길목 노릇을 하는 아덴만이기에 오래전부터 해적들 또한 이곳으로 모여들었다. 이때 해적들의 근거지로 악명을 떨친 곳이 바로 소코트라섬이다. 소코트라는 아덴만 입구에 감시 초소처럼 버티고 선 섬이다. 아덴만과 홍해 바닷길을 이용하는 배들이 잠시 쉬어가거나 교역하기에 적합하고 해적들이 근거지로 삼기에도 적합하다.

소코트라 해적의 역사는 1,000년을 훌쩍 거슬러 올라간다. 당시 홍해와 인도양에서 활약하던 뱃사람 중에는 아랍인과 인도인이 많고 그리스인도 있었는데 이들이 모두 소코트라로 모여들었다. 소코트라 사람들은 평소 섬을 방문하는 상인들에게 용혈(Dragon's blood)이라는 소코트라 특산 염료(향료이자 약재이기도 하다)를 팔며 살다가 때가 되면 칼을 차고 갈고리를 준비해 가차 없이 해적질에 나섰다. 그렇게 한 건을 올리고 나면 노획한 상품들을 용혈과 나란히 진열해놓고 판매했다고 한다. 소코트라를 지나는 배 가운데 일부는 싣고 있던 진귀한 물건을 몽땅 털려야 했고 일부는 남이 빼앗긴 진귀한 물건까지 잔뜩 구할 수 있었으니, 당시의 삶이 현대인의 상식을 벗어난 혼돈과 폭력으로 점철되어 있었다는 점을 다시 한번 깨닫게 된다.

오늘날 소코트라는 한국인의 여행이 금지된 섬이다. 여전히 소코트라가 해적의 근거지이기 때문은 아니고, 아덴만 양쪽 연안의 예멘과 소말리아가 너무 위험한 나라들이어서 그렇다. 현재 세계 해상 화물의 10퍼센트 이상이 거쳐 가는 아덴만이 사실상 세계에서 가장 위험한 바닷길이라는 사실이 놀랍기만 하다.

먼저 아덴만 남쪽 연안의 소말리아에서는 1980년대에 민족 갈등으로 촉발된 내전이 아직도 계속되고 있다. 영화 〈모가디슈〉의 배경이 되는 시아드 바레

(Siyaad Barre) 정권 몰락 시점인 1991년을 기준으로 벌써 35년째다. 내전은 소말리아를 민족과 종교로 갈가리 찢어놓았고 소말리아의 경제와 민중의 삶을 파괴했다. 오늘날 소말리아는 "가장 나쁜 정부 형태는 정부가 없는 것이다."라는 정치학자들의 금언을 뒷받침하는 핵심 사례로 꼽힌다. 또한 소말리아 내전은 아덴만을 세계에서 가장 위험한 바닷길로 만드는 데 결정적인 역할을 했다. 내전이 지속됨에 따라 소말리아의 해안 도시와 마을들이 점차 해적 소굴로 변했기 때문이다.

사실 우리나라 사람들이 평생 한 번이라도 아덴만이라는 이름을 들어보았다면 아마 2011년 삼호주얼리호 피랍과 청해부대의 아덴만 여명 작전, 석해균 선장과 이국종 교수 때문일 것이다. 이때 삼호주얼리호가 소말리아 해적에게 피랍된 위치는 아덴만이 아니라 소말리아 해안으로부터 1,500킬로미터 정도 떨어진 북쪽의 호르무즈 해협이었는데, 이는 2011년 당시 소말리아 해적의 활동 범위가 얼마나 넓었는지를 잘 보여준다.

아덴만을 끼고 소말리아의 반대편에 있는 예멘 또한 끝이 보이지 않는 내전에 휩싸여 있다. 예멘은 무려 3,000년 전에 융성했던 사바왕국(Kingdom of Saba)에 뿌리를 둔 유서 깊은 나라다. 하지만 이후 3,000년 동안 하나로 합쳐졌던 경험이 거의 없는 지역들로 이루어진 나라이기도 하다. 세계에서 가장 오랫동안 사람이 살아온 도시로 꼽히는 예멘의 수도 사나는 옛 사바왕국의 중심지인 북부 고원에 위치해 있는데, 이곳과 남부의 항구 도시인 아덴(아덴만이라는 이름이 이 도시에서 유래했다)을 비롯한 예멘의 나머지 지역 간에는 뚜렷한 역사적 결속이 눈에 띄지 않는다. 흔히 예멘 내전은 사나를 중심으로 하는 북예멘과 아덴을 중심으로 한 남예멘의 내전으로 불린다.

이와 같은 배경 속에서 예멘은 짧은 평화와 긴 내전이 반복되는 역사를 이어가고 있다. 특히 2014년 시작된 최근의 내전은 이슬람 극단주의에 이란과 사우디아라비아, 이스라엘, 미국 등의 갈등이 끼어들어 쉽게 해소될 기미가 보이지 않는다. 이란의 대리전 세력인 후티 반군이 사나를 포함한 북예멘 영토를 대부분 점령한 데다 2023년 이후 이란 대리전 세력과 이스라엘이 격렬한 전쟁에 돌입하며 홍해와 아덴만은 이제 목숨 걸고 항해해야 하는 바다가 되었다.

후티 반군은 홍해를 지나는 배에 느닷없이 유도 미사일과 드론을 날리거나 폭탄을 가득 실은 배를 충돌시킨다. 때로는 대형 유조선들이 공격 대상이 된다. 2024년 8월에는 후티의 공격을 받은 그리스 유조선 수니온호에서 불타는 기름이 홍해상으로 유출되는 사건이 벌어지기도 했다. 후티 반군은 자신들의 역사가 기반하고 있는 바다이자 자손 대대로 의지해야 할 바다에 대규모 환경 재앙을 일으키기 위해 오늘도 노력하는 중이다.

소말리아와 예멘은 여행금지 국가이고, 소코트라는 예멘의 영토이자 소말리아 해적의 활동 중심지에 있는 섬이다. 소코트라는 독특하고 깊이 있는 역사와 아름다운 산과 계곡, 정취 있는 해변을 가진 섬이다. 또한 용혈수(Dragon Blood Tree)라는 기괴한 나무에서 용혈을 채취하는 별난 곳이기도 하다. 용혈은 아랍어로 '쿠트라'라고 불리는데 여기에 시장을 뜻하는 아랍어

'수크'가 합쳐져 수크쿠트라, 즉 소코트라라는 이름이 탄생했다는 설이 있다.

소코트라에 가고 싶다는 마음은 아덴만에 평화와 번영이 찾아오기를 기원하는 마음과 같다. 만약 이곳에 평화가 찾아온다면 그때는 아마 세계 어디서도 전쟁과 분쟁 따위를 찾아볼 수 없을 공산이 크다. 죽기 전에 언제고 세계 어느 나라든 마음 놓고 여행할 수 있는 해를 단 1년 만이라도 경험할 수 있다면! 이러한 희망이 이상주의자의 몽상에 그치지 않기를 진심으로 기원한다.

꿈꾸는 여행 포인트

지구는 둥글기 때문에 '끝'이라고 부를 수 있는 곳이 없다. 여행을 계속하고자 하는 의지를 가진 이상 여행에 지리적 종착지 따위는 없다는 뜻이다. 하지만 제아무리 원대한 이상을 지닌 여행자들에게도 더 이상 나아갈 수 없는 경계선이 존재한다. 바로 전쟁과 테러 등 각종 분쟁으로 생겨난 여행 불가능 지역들이다. 오늘날 다수의 문화유산과 독특한 여행 경험이 이 경계선 안쪽에 갇혀 있다. 금단의 영역을 꿈꾼다면 그곳에 평화가 찾아오기를 바라는 마음 또한 강해지리라 생각한다.

모든 여행의 시작과 끝

대한민국 인천공항

움직이는 게 본업인 여행자들에게 교통 터미널은 여행의 곁다리가 아니라 본질적 여행 경험의 일부라고 할 수 있다. 여행자는 자신이 거쳐 간 터미널들을 기억하고 그곳에서 있었던 일을 추억으로 간직한다.

인도를 여행하는 사람은 콜카타의 하우라 기차역(Howrah railway station)과 뭄바이의 차트라파티 시바지 기차역(Chhatrapati Shivaji Terminus)의 아름다운 건축에 마음을 빼앗기고 혼돈과 질서 사이에 긴장이 넘쳐흐르는 그곳의 분위기를 오래도록 기억하게 된다. 어떤 버스도 떠나지 않을 것만 같은 라오스 시골의 버스 정류장과 어떤 배도 당도하지 않을 것만 같은 인도네시아 작은 섬의 보트 선착장은 다른 곳에선 결코 느끼기 힘든 몽환적인 감각을 선사한다. 오랜 기간 여행 글쓰기를 강의해본 경험에 따르면 여행 글쓰기에 처음 도전하는 사람들은 왕왕 공항에서 짐 찾는 이야기를 부러 쓰곤 하는데, 이는 공항 터미널에서의 별것 아닌(그렇기 때문에 글로 써서 남에게 보여주기 부적합한) 경험들조차 우리 마음에 강한 인상을 남긴다는 사실을 가르쳐준다.

공항 이야기가 나왔으니 하는 말이지만 나는 이제껏 내가 가본 공항을 대부분 기억한다(그래봤자 28개밖에 되지 않고, 그나마 상하이 공항(PVG)은 전혀 기억이 나지 않는다. 혹시 배를 타고 갔었나?). 일본 오사카 칸사이 국제공항(KIX)의 마음 편한 분위기, 말레이시아 코타바루 공항(KBR)과 태국 뜨랏 공항(TDX) 등 아기자기하고 아늑한 공항을 독차지하는 느낌, 울란바토르(UBN)와 카트만두 공항(KTM)에서 느꼈던 구수한 시장통 같은 분위기까지, 가벼이 흘려보내고 싶지 않은 기억이 많다. 우리는 열대 도시의 공항 문을 나설 때 느끼는 후끈한 두근거림을 사랑하고, 한국에 돌아와 인천공항(ICN) 문을 나설 때 느끼는 '이번 여행도 잘 마무리했구나.'라는 묵직한 안도감을 사랑한다.

그래서 나는 요즘 인천공항에 가고 싶다는 생각을 자주 한다. 외국으로 여행 가고 싶다는 말을 에둘러

표현한 게 아니라 인천공항을 목적지 삼아 반나절 정도 놀다 오고 싶다는 뜻이다. 사실 인천공항이라고 하면 깔끔한 환승 호텔, 세계 최대 규모의 면세 쇼핑 구역, 시원한 활주로와 파란색 비행기들을 감상할 수 있는 에어사이드 편의시설, 지하철 타는 것과 헷갈릴 때가 있는 내국인 전용 출국 심사 게이트 등 실제로 이곳을 통해 출입국할 때만 체험할 수 있는 강점을 많이 가지고 있다. 비행기표와 여권 없이 방문하기에는 다소 생뚱맞은 목적지인 셈이다. 인천공항을 세계에서 가장 노숙하기 좋은 공항 가운데 하나로 등극시킨 편안한 벤치와 찜질방 등도 이곳에서 비행기를 기다리며 밤을 지샐 여행자들을 위한 것이지 공항에 놀러 온 사람을 위한 것은 아니다.

그렇지만 나는 인천공항 자체를 참 좋아한다. 인천공항은 일상에 갇힌 가슴을 한없이 부풀어 오르게 하는 시원한 건축물이자 공간이다. 이와 같은 공간감은 서울역이나 용산역 등 기차역에서 느낄 수 없고 호텔이나 쇼핑몰 같은 수직적인 빌딩 내부에서도 느끼기 힘든 것으로, 오직 스포츠 스타디움에서나 맛볼 수 있다. 실제로 인천공항 문을 지나 입국 카운터 층에 발을 내딛는 느낌은 야구장에서 게이트를 빠져나와 눈앞에 펼쳐진 푸른 그라운드를 마주할 때의 감각과 비슷하다.

인천공항은 이 시원하고 넓은 공간의 온도를 여행자에게 딱 좋은 정도로 유지하는 것으로 유명하다. 겨울에 가면 춥지 않고 여름에 가면 덥지 않다. 그러면서 언제나 얼마간 서늘하고 쾌적한 느낌을 준다. 인천공항을 방문할 때마다 느끼는 손발 간질거리는 기대감은 가슴에 품은 여권 때문이기도 하지만 인천공항공사의 놀라운 에어 컨디셔닝 때문이기도 하다. 누군가가 내게 "여행의 온도란 무엇인가요?"라고 묻는다면 나는 "인천공항의 등 떠미는 듯한 온도죠. 여권과 표를 들고 출국 게이트를 지날 때마다 마치 초짜 여행자처럼 두근거리게 되니까요."라고 답할 것이다.

인천공항을 찾아가는 길은 또 얼마나 멋있는지 모른다. 인천공항은 아무 때나 불쑥 찾아가기에는 조금 외지고 먼 곳이긴 하지만, 만약 제대로 시간을 낼 수만 있다면 작은 여행 삼아 다녀오기에 부족함이 없다.

인천공항은 영종도, 삼목도, 신불도, 용유도 4개 섬을 간척사업으로 커다랗게 연결한 '영종도'에 펼쳐져 있다. 따라서 이곳에 가려면 시간대에 따라 여러 가지로 색과 질감을 바꾸는 서해 얕은 바다 위를 지나야 한다.

우리나라 본토와 인천공항을 연결하는 3개의 다리는 각기 다른 장점을 지니고 있다. 가장 남쪽에서 송도와 인천공항을 잇는 인천대교는 서해 위를 20킬로미터 가까이 지난다는 것이 강점이다. 비행기를 타고 공항에 진입할 때 인천공항보다 아름답고 운치 있는 공항은 꽤 있지만 인천대교를 거쳐 인천공항에 이르는 길처럼 서정적인 '공항 가는 길'은 세계 어디에도 없다. 반면 북쪽에서 영종도로 진입하는 영종대교는 공항철도를 타고 지날 수 있는 길이고, 곧 완공될 제3연륙교는 자전거를 타고 영종도에 들어갈 수 있는 길이자 서울과 영종도를 잇는 가장 빠른 길로 많은 기대를 모으고 있다. 어떤 다리를 지나든 멋진 여정의 일부이지만 우리는 평소 1분이라도 빨리 공항에 도착했으면 하는 마음에 창밖 경치는 건성으로 흘리며 지나치곤 한다. 인천공항으로의 여행을 통해 자신이 평소 놓치고 있는 게 무엇인지도 확인해볼 수 있지 않을까 싶다.

한편 인천공항은 내게 꽤 재미있는 여행 추억을 선사한 장소다. 오래전 나는 아시아 어딘가로 여행을 가기 위해 인천공항에 갔다가 미샤 마이스키를 만난 적이 있다. 세계적인 첼리스트 미샤 마이스키는 몇 년에 한 번씩 내한 공연을 해서 우리나라에도 탄탄한 팬층을 보유한 음악가다. 나 또한 바로 전날 예술의 전당에서 이 거장의 공연을 감상하며 깊은 감동을 받은 차였다.

그런데 내가 배낭을 멘 채 인천공항 문 앞을 어슬렁거리고 있을 때 택시 1대가 저만치에 서더니 미샤 마이스키가 뛰어나와 트렁크에서 엄청나게 비쌀 것이 분명한 자기 첼로를 허둥지둥 꺼내는 것 아니겠는가. 나는 얼른 그에게 다가가 "마이스키 선생님! 이렇게 뵙다니요. 어제 공연 정말 좋았습니다!"라고 말했다. 마이스키는 무척 당황한 얼굴로 "어, 어……." 하며 손으로 윗도리를 더듬었다. 갈 길이 바빠 허둥지둥

하면서도 나한테 사인을 해주려고 펜을 찾는 것이었다! 나는 "괜찮습니다. 잘 가세요."라는 인사로 그를 배웅했다. 마이스키는 내게 "어, 어……."라고 인사를 해줬다.

그날 마이스키가 윗도리를 뒤진 것이 정말로 펜을 찾는 것이었는지 혹은 "나는 펜이 없고 나는 바쁘다!"라는 말을 문화적으로 표현한 것인지 혹은 "지갑을 잃어버렸는데 택시비 좀 내주겠소?"라고 말하고 싶었던 것인지 영영 알 길은 없다. 그러나 인천공항이 아니었다면 이 거장이 수행원은커녕 동행하는 사람 한 명 없이 마치 기타 들고 여행 가는 배낭 여행자처럼 첼로 하나 들고 허둥지둥 비행기를 타러 가는 모습을 볼 수 있었을까?

인천공항과 엮인 기억이 어디 이뿐일까. 인천공항은 내 모든 여행의 시작과 끝을 함께한 공간이며 그 모든 추억과 한데 엉켜 있는 장소다. 언젠가 꼭 한 번, 노숙해도 좋을 정도로 편안하다는 인천공항 벤치에 자리를 잡고 긴 시간 음악을 들으며 지금까지의 내 모든 여행을 추억하는 시간을 가졌으면 좋겠다. 나아가

앞으로 인천공항을 통해 가볼 여러 장소를 꿈꾸고, 바로 그 장소들로 떠나는 여행자들의 모습을 바라보며 흐뭇하게 미소 짓기를 희망한다.

꿈꾸는 여행 포인트

여행은 잠깐이지만 추억은 영원하다. 우리는 행복했던 여행, 독특하고 재미있었던 여행, 의미 있고 기억에 남는 여행을 되새기며 언제든 그 감동을 재현할 수 있다. 사진과 글과 기념품과 음악 등 여행을 추억하는 방법은 많지만, 여행의 기억 속으로 침잠하게 하는 나만의 장소를 찾아보는 것 또한 감동의 깊이를 더하는 방법일 것이다.

나가며
별 꿈

방콕에서 차를 타고 파타야를 지나 캄보디아 국경 코앞까지 가면 꼬창(Ko Chang)이라는 섬에 닿게 된다. 짙은 숲속 분주한 원숭이들과 고요한 해변의 유유한 물수리 등 꼬창에는 명물이 많다. 서해안 끌롱프라오 마을(Ban Khlong Phrao)의 맹그로브 라군을 따라 빼곡히 들어선 해산물 식당들도 그중 하나다. 간혹 주문을 혼동하거나 은근슬쩍 음료를 끼워 파는 등 많은 손님에 치여 허겁지겁 영업하는 곳들이지만, 눈시울이 절로 붉어지는 석양과 신선한 해산물은 다른 여러 불편을 무시하게 해준다.

이곳 식당들은 치열한 경쟁을 이겨내기 위해 다양한 서비스를 제공한다. 개중 어떤 집은 꼬창의 명물 가운데 하나인 파이어 쇼를 매일 보여준다. 말로는 공짜라고 하지만 쇼가 끝나면 공연자들이 테이블을 돌며 팁을 받기 때문에 절대 공짜 구경은 아니다. 금수의 마음을 품지 않고서는 멋진 공연을 선보이느라 땀범벅이 된 사람들을 빈손으로 돌려세울 수는 없으니 말이다.

한편 또 다른 식당 한 곳은 식사를 마친 사람들을 통통배에 태워 라군의 반딧불 구경을 시켜준다. 이 짧은 투어는 진짜 공짜일 뿐만 아니라 의외의 알짜배기다. 통통배를 20분이나 타면서 고요하고 부드러운 밤 공기를 즐기고 반딧불이도 두 마리나 보게 될 줄 내가 어찌 알았겠는가. 그리고 그토록 밝고 아름다운 별 하늘을 볼 줄이야.

나는 이날 처음으로 큰개자리의 장엄함과 시리우스의 찬란함을 깨달았다. 큰개자리의 목에 걸린 천구의 보석 시리우스는 밤하늘에서 가장 밝은 별이자 북반구의 겨울철에 쉽게 관측할 수 있는 별이고, 오리온자리 베텔게우스와 작은개자리 프로키온과 더불어 겨울의 대삼각형을 이루는 별이다. 이날 그 아름다움에 반한 이후로 거의 반년 동안은 매일 밤 '저게 시리우스인가? 아니면 저건가?' 하며 밤하늘을 뒤진 것 같다.

하지만 한국에 돌아온 후로 나는 시리우스가 어디 있는지 도무지 찾을 수가 없었다. 우리 동네 밤하늘의 별은 하나같이 총기를 잃은 흐릿한 모습을 하고 있어서 "저 별이 가장 밝다!"라고 말하기가 민망할 지경이었던 것이다. 꼬창 맹그로브 라군의 큰개자리는 못 알아보는 게 힘들 정도였는데, 우리나라 도시 밤하늘의 큰개자리와 시리우스는 도대체 어디에 숨어 있는 것인가!

나의 마지막 여행 꿈인 별 꿈은 사실 여행 꿈이 아니라 여행을 갔다가 품게 된 지금 여기 우리나라 우리 동네에 대한 꿈이라고 할 수 있다. 아름다운 별을 잃어버린 채 우리는 어떻게 이리 태연자약하게 살아가고 있을까? 우리 밤하늘을 지금 당장 하얀 급류와 같은 은하수로 물들일 수는 없다고 하더라도 적어도 밤하늘 별을 열 손가락으로 다 꼽을 수 있는 지경에서는 벗어나야 하지 않을까? 도시 광공해는 다수 시민이 불필요한 조명을 끄는 습관을 들이거나 스마트 조명을 널리 확산시키는 것만으로도 상당 부분 해소할 수 있다. 이는 큰개자리와 시리우스를 되찾는 길이자 전기세를 크게 아끼는 방법이고 또한 급격한 기후변화를 저지할 수 있는 강력한 수단 가운데 하나다.

생각해보면 다른 여행 꿈도 다 마찬가지 아닐까 싶다. 여행에 대한 꿈은 자연스럽게 우리의 일상에 대한 관심과 우리나라의 문화, 환경에 대한 꿈으로 연결된다는 뜻이다. 알래스카에서 차가운 바다의 귀여운 털북숭이를 만나고자 하는 꿈을 가진 사람은 어느 순간 '그런데 우리 자연은 왜 이렇게 삭막하고 휑한 느낌이지? 우리나라에도 동물들이 살지 않나?'라는 의문을 품을 수 있다. 이런 사람은 조만간 우리나라에 해달과 가까운 친척이자 민물 생태계의 수호자인 수달이 살고 있다는 사실을 알게 될 것이다. 해달과는 또 다른 매력을 가진 이 날쌔고 드센 사냥꾼을 마음에 품고 나면 우리나라 하천 생태계에 대한 관심이 증가하고 우리 자연을 좀 더 아름답게 만들고자 하는 꿈을 갖게 될 것이다.

마찬가지로 여행을 통해 조류 꿈을 품게 되기 전에 나는 우리나라뿐만 아니라 세계 어느 곳의 새에도 관심이 없었다. 동물원을 가도 조류사 쪽으로는 눈길조차 주지 않았다. 하지만 세상 이곳저곳의 고즈넉한 호숫가와 해변에서 매와 물수리가 사냥하는 모습을 하염없이 바라보고, 정글에 울려 퍼지는 아름다운 새 소리에 조용히 귀를 기울이고, 그곳에서 화려한 색깔의 새가 싼 화려한 색깔의 똥을 맞아보면서 달라졌다. 나는 이제 몬테베르데 운무림에서 케찰과 목도리트로곤과 긴 꼬리 마나킨을 보고자 하는 꿈을 갖고 있다. 또한 우리 동네 오색딱따구리와 쇠딱따구리가 나무 쪼는 소리에 귀 기울이고, 요즘 부쩍 숫자가 늘어난 동네 물까치들이 바쁘게 몰려다니는 모습을 즐거운 마음으로 바라보게 되었다.

익숙한 곳을 새롭게 여행하거나 '데스티네이션 언노운'으로 훌쩍 떠나고 싶어 하는 사람은 어느 순간 '우리나라에서 아무 버스나 타고 아무 도시나 가보면 재밌지 않을까?'라는 생각을 하게 될 것이다. 사실 한국인에게 가장 잘 맞는 미지의 목적지는 어디로든 가기 쉽고 어디를 가든 일상의 모든 편의가 통째로 이관되며 어느 한 곳 독특하지 않은 곳이 없는 우리나라

도시들이라고 할 수 있다. 대전이든 전주든, 원주든 횡성이든, 일 때문이든 개인 용무 때문이든 변덕이나 우연 때문이든 상관없다.

최근 나는 일 때문에 경주를 방문했다가 경주 북천을 따라 끝없이 이어지는 축구장과 테니스장의 모습을 보고 깜짝 놀랐다. 더군다나 그 많은 구장이 즐겁게 운동하는 스포츠 동호인과 학생들로 꽉꽉 차 있는 게 아닌가! 우리가 흔히 가지고 있는 바쁘고 여유 없는 한국인의 삶이나 우리 도시에 대한 선입견과는 너무나도 달랐던 그 모습을 나는 오래오래 기억하며 우리가 만들어가야 할 좋은 삶이 무엇인지 논할 때마다 다시금 떠올릴 것이다.

마찬가지로 인천 지하철의 북쪽 끝 역이자 공항철도 노선의 일부인 계양역에 갔던 기억도 소중하다. 내가 자전거 마니아라서 아라뱃길 라이딩을 하러 그곳에 들른 게 아니라 우리 강아지들이 쓰던 의약품을 기부할 요량으로 인천시 수의사협회가 운영하는 유기동물 보호소에 찾아간 길이었다. 보호소는 계양역에서 시골길을 이리저리 한참 걸어 들어가야 하는 곳에 있었다. 이날 나는 비록 무거운 짐과 무거운 마음을 지니고 숨을 헐떡이며 걸어 다녔지만 한편으로 예쁜 카페를 기웃거리고 김포공항으로 하강하는 비행기의 모습을 또렷하게 감상할 수 있었다. 그 덕분에 이날의 특별하고 보람찬 목표를 너끈히 성취할 수 있었던 듯도 싶다.

우리나라의 여러 장소에 숨겨진 이야기는 또 얼마나 많은지 모른다. 먼저 나는 조미미의 〈바다가 육지라면〉의 배경이 되는 장소에 가보고 싶다. 나는 조미미가 전라남도 사람이라서 〈바다가 육지라면〉의 배경 또한 전라남도겠거니 짐작했지만 이는 바보 같은 생각이었다. 노래의 배경이 어디인지는 가수가 아니라 작사가에게 물을 일이다. 〈바다가 육지라면〉의 작사가인 정귀문은 경상북도 경주 사람이고 한평생 경주에 살며 그곳을 배경으로 많은 가사를 썼다. 〈바다가 육지라면〉 또한 경주 나정항을 배경으로 하는 노래다. 경주 해파랑길 11코스를 따라 바닷가를 걸으면 나정항과 가곡항 등 정취 있는 항구를 섭렵하고 예쁜 카페와 유명한 게 요리를 만끽할 수 있다고 하니 언젠가 한 번은 꼭 그 길을 걸으려 한다.

　전라남도 곡성은 어떤 동네일까? KTX를 타고 곡성역을 지나쳤을 때의 느낌은 어둡고(밤에 지나갔다) 조용하고(기차에 손님이 별로 없었다) <u>으스스했다</u>(좀비와 악귀와 적그리스도가 나올까 봐 무서웠다). 영화 〈곡성〉 때문에 생긴 이와 같은 편견 외에 곡성에는 오지리라는 동네가 있다는 사실도 기억할 필요가 있다. 오르한 파묵의 《눈》에 비유할 만한 한국 소설인 공선옥 작가의 《오지리에 두고 온 서른 살》이 떠오르는 지명이다. 사실 공선옥 작가는 이 소설을 쓸 때 마음속 오지에 있는 가상의 공간이라는 뜻으로 오지리라는 이름을 떠올렸다고 한다. 하지만 이 오지리가 그 오지리라고 생각한다고 해서 손해 볼 일은 없을 것이다. 《오지리에 두고 온 서른 살》과 〈곡성〉이 모두 과거의 족쇄에 대한 이야기라고 생각한다면 전라남도 곡성 오지리에 간 핑계로 이 두 작품을 한데 엮어 사색에 잠길 수 있을 테니 말이다.

자기 초월적인 여행이 외국에서만 가능하다고 생각하는가? 내게는 우리나라 설악산도 자아의 틀을 혁파해줄 꿈의 목적지다. 나는 사실 우리나라의 유명한 산꼭대기에 단 한 번도 오른 적이 없다. 제주도에서는 한라산을 등진 채 바다만을 바라보았고 지리산은 가보려다 실패했으며 소백산은 대략적인 위치만 알고 있을 뿐이다. 10년 넘게 관악산 기슭에서 학교를 다녔지만 산에는 당연하다는 듯 한 번도 오르지 않았다.

안나푸르나와 잉카 트레일에 도전하려 하고 엘찰텐에도 가보고 싶다는 주제에 이토록 우리나라 산에 무지하니 뭔가 억하심정이 있는 것처럼 보일지도 모르겠다. 하지만 나는 원래 등산과 트레킹을 좋아하지 않는 사람이라는 사실 외에 특별한 이유는 없다. 나는 여행을 통해 산을 좋아하게 되었다. 그 덕분에 지인의 결혼식 참석을 위해 속초를 방문했을 때 설악산의 멋진 모습에 반해 '다음에는 저기 갈 생각으로 속초에 와야겠구나.'라고 결심했다. 오르기 힘든 것으로 유명한 설악산에 '무조건 꼭대기까지 가야지!'라는 마음을 품고 가고 싶지는 않다. 아름다운 우리 산을 최대한 즐길 수 있는 코스를 골라 자유롭게 걷고, 도중에 설악산의 깃대종이자 우리나라 생물종 복원 사업의 상징이 되는 산양의 늠름한 모습도 한번 보았으면 좋겠다.

    나는 세계 여러 나라의 문화유산을 꿈꾸고 그 마법을 접하기 전까지 우리나라 문화유산에 별다른 관심을 갖지 않았다. 심지어 이 작은 나라의 고만고만한 역사로부터 무슨 뛰어난 문화유산이 탄생했겠느냐 하는 자국 혐오가 있었던 것 같다. 그러나 이제는 전국의 문화유산과 역사 유적을 하나씩 찾아볼 생각에 마음이 설렌다.

    역사를 찾아 여행한다면 일단 우리나라 도 이름에 명시된 유서 깊은 도시들을 찾아보는 편이 좋겠다. 나는 전라도의 전주와 나주, 강원도의 강릉과 원주, 경상도의 경주는 찾은 적이 있지만 경상도의 상주와 충청도의 충주, 청주에는 가본 적이 없다.

    상주, 충주, 청주 어디든 좋지만 만약 지금 당장 어디로든 훌쩍 가라고 한다면 청주가 좋겠다. 청주

시는 뭐니 뭐니 해도 《직지심체요절》의 도시라고 할 수 있다. 세계 최초의 금속활자 인쇄물인 《직지심체요절》은 유네스코에 등재된 세계기록유산이다. 이는 《직지심체요절》이 갑골문자, 마젤란 항해록, 프랑스 인권 선언문, 베토벤의 악보와 《안네의 일기》와 함께 세계에서 가장 귀중한 496편의 기록물 중 하나로 평가받는다는 뜻이다. 나아가 유네스코는 기록유산을 보존하는 이들에게 수여하는 세계적 권위의 상에 'UNESCO/직지 세계기록유산 상'이라는 이름을 붙였다. 이 정도면 여행을 나가 외국인들에게 자랑하고 그들이 'jikji simche yojeol'이라는 발음을 잘하는지 지켜볼 만하지 않겠는가.

《직지심체요절》은 현재 외국에 있지만 세계 최초의 금속활자를 활용해 이를 인쇄한 장소는 청주에 있다. 청주 흥덕사지라는 곳인데 이곳에 얽힌 이야기가 기묘하다. 《직지심체요절》을 인쇄할 정도로 역할이 확실했던 흥덕사는 고려 말에 불타 없어진 것으로 추정된다. 그래서 1970년대에 《직지심체요절》이 세계 최초의 금속활자 인쇄물로 주목받았을 때 이를 인쇄한 흥덕사라는 사찰이 어디 있는지 아무도 알지 못하는 상황이 벌어졌다. 미지에 싸인 흥덕사의 위치는 1980년대에 택지 개발을 하다 우연히 발견되었다. 이후 청주대학교에서 1985년부터 발굴과 연구를 주도해 다양한 유물을 얻고 사찰의 일부를 복원했다. 청주 흥덕사지에는 단순히 옛사람들의 손길을 느끼게 하는 접촉의 마법뿐만 아니라 이곳을 되살린 이들의 열정과 노력을 느끼게 하는 복원의 마법까지 걸려 있는 것이다.

끝으로 한마디만 더 하겠다. 여행은 함께할 때 더 행복하다는 사실을 기억하자. 우리의 여행 꿈은 우리와 함께 여행하는 이의 꿈과 만나게 되어 있다. 따라서 진정 행복한 여행을 하려면 여행을 함께하는 이들이 서로의 꿈을 꾸준히 소통하고 융합해야 한다. 이처럼 여행 꿈은 소중한 사람과 행복한 대화를 나누고 서로를 더욱 깊이 이해하게 하며 가슴 뛰는 상상을 주고받게 하는 소중한 화제가 된다.

우리는 살면서 여러 가지 아름다운 꿈을 품는다.

하지만 일상의 활력소가 되고 좋은 여행을 만들어주며, 나아가 지금 여기 우리나라 우리 동네를 더 좋은 곳으로 만들 꿈을 품게 하고 함께하는 사람과 행복한 대화를 나누게 하는 여행 꿈은 그 모든 꿈 가운데 가장 쓸모 있고 아름다운 꿈이 아닐까.

생활 여행

초판 1쇄 발행 2025년 8월 5일

지은이 김명철
펴낸이 박경순
디자인 강경신

종이 월드페이퍼
제작 한영문화사
물류 우진물류

펴낸곳 북플랫
출판등록 제2023-000231호(2023년 9월 12일)
주소 서울시 마포구 토정로 222 306호
이메일 bookflat23@gmail.com

ISBN 979-11-94080-10-7 03810

- 책값은 뒤표지에 있습니다.
- 파본은 구입하신 서점에서 교환해드립니다.
- 이 책은 저작권법에 의하여 보호를 받는 저작물이므로 무단 전재와 복제를 금합니다.